Erlebnis
Rom

Von Carole Chester

humboldt–taschenbuch 827

Verfasser: Carole Chester
Berater: Frank Dawes
Beitrag *Natur* von Paul Sterry

Übersetzung aus dem Englischen: Bernd Kampe

Lektorat: Polyglott–Redaktion

Umschlaggestaltung:
Christa Manner, München

Umschlagfoto: Kolosseum

Druck: Printers S.R.L., Trento
Printed in Italy

ISBN 3-581-66827-7

© 1991 by The Automobile Association, Großbritannien, für die Originalausgabe
© 1991 by Humboldt-Taschenbuchverlag Jacobi KG, München, für die deutschsprachige Ausgabe

Alle Rechte vorbehalten.

Alle Angaben wurden sorgfältig geprüft. Dennoch kann eine Gewähr für Vollständigkeit und Richtigkeit nicht übernommen werden.

Ergänzende Anregungen, für die wir jederzeit dankbar sind, bitten wir zu richten an:
Humboldt-Taschenbuchverlag
Postfach 40 11 20
D-8000 München 40

BILDNACHWEIS:

© AA PHOTO LIBRARY (Peter Wilson): 5, 6, 7, 8, 11, 12, 14, 15, 16, 17, 21, 22, 24, 26, 28, 31, 32, 33, 34, 36, 40, 46, 49, 51, 54, 55, 57, 58, 60, 64, 67, 69, 70, 71, 72, 86, 88, 91, 94, 96, 97, 98, 100, 103, 105, 106, 109, 111, 116, 119, 120, 123, 126.

J. ALLAN CASH PHOTO LIBRARY: 43, 77, 78, 124.

NATURE PHOTOGRAPHERS LTD: 38, 39 (J. Sutherland), 79, 81, 83, (P. Sterry), 80 (E. A. Janes), 82 (J. Hall), 84 (N. A. Callow).

ZEFA PICTURE LIBRARY (UK) LTD: Umschlag.

INHALT

EINLEITUNG	4–6
HISTORISCHES	7–14
DIE VERSCHIEDENEN STADTTEILE	15–19
SEHENSWÜRDIGKEITEN	20–74
AUSFLÜGE VON ROM	75–78
NATUR Landschaft, Tier- und Pflanzenwelt in der Umgebung Roms	79–84
KULINARISCHES	85–90
SHOPPING	91–96
UNTERKUNFT	97–100
ROM AM ABEND	101–105
KLIMA UND REISEZEIT	106
ALLTAG IN ROM	107
MIT KINDERN REISEN	108–109
PREISWERT REISEN	109–110
FESTE UND VERANSTALTUNGEN	110
SPORT	111–112
PRAKTISCHE TIPS	113–125
KLEINE SPRACHHILFE	126
REGISTER	127–128

Folgende Symbole sollen Ihnen die Benutzung des Reiseführers erleichtern:

◆◆◆   nicht versäumen

◆◆   sehr sehenswert

◆   sehenswert

🕒   Öffnungszeiten

EINLEITUNG

Rom wurde nicht an einem Tag erbaut. Das sagt ein altes Sprichwort. Und wenn Sie nach Rom kommen, werden Sie feststellen, daß Sie Rom vor allem nicht an einem Tag besichtigen können. Um nur einen ersten Eindruck von den großartigen Sehenswürdigkeiten dieser Stadt oder gar vom Alltag und dem Lebensgefühl ihrer Bewohner zu bekommen, müssen Sie viele Tage einplanen und öfter wiederkommen.
Die Spuren der Vergangenheit sind allgegenwärtig: Überbleibsel der römischen Antike werden von Resten aus frühchristlicher Zeit überlagert, auf denen sich wiederum mittelalterliche Gebäude erheben.
Aus einer kleinen Bauernsiedlung, die sich über

EINLEITUNG

Das Panorama der Ewigen Stadt

sieben Hügel östlich des Tiber erstreckte, entwickelte sich Rom im 4. Jh. v. Chr. zu einer ummauerten Stadt. Reste dieser imposanten Servianischen Mauer sind an der Stazione Termini erhalten. Die Ausdehnung in den folgenden Jahrhunderten machte im 3. Jh. den Bau eines zweiten Mauerwalls, der Aurelianischen Mauer, erforderlich. Dieser größte Mauerring Roms bezog auch schon das als Trastevere – „jenseits des Tiber" – bekannte Viertel mit ein und umschließt heute noch das Zentrum der Stadt, die seitdem weit über ihre historischen Grenzen hinausgewachsen ist.

Auch wenn Rom heute nicht mehr die Welt beherrscht – die „ewige" Stadt hat als politische und kulturelle Hauptstadt Italiens und als Zentrum der katholischen Kirche und Christenheit überlebt. Überlebt haben auch die Baudenkmäler, die trotz der Bedrohung durch Kriege, Luftverschmutzung und Straßenbau immer noch Millionen von Touristen aus aller Welt in ihren Bann ziehen. Der Jahrtausende alten Geschichte begegnet man überall, ohne sie zu suchen. Statuen und Brunnen stehen an jeder Ecke. Von den berühmten sieben Hügeln sieht man allerdings nicht mehr viel, denn nur der Aventin

EINLEITUNG

Der Petersplatz – Berninis vollendete Anlage ist Attraktion für Tausende aus aller Welt

ragt im Stadtbild noch heraus. Vorstadtviertel wie Parioli sind in Mode gekommen und verfügen über mehr exklusive Hotels und Nachtklubs als die Via Vittorio Veneto, die durch Fellinis Film „La dolce Vita" in den Fünziger Jahren mondän wurde. Die größeren Plätze der Innenstadt, besonders die Piazza di Spagna, sind aber auch heute noch die beliebtesten Treffpunkte.

Für den heutigen Romreisenden gibt es noch andere Anziehungspunkte als antike Denkmäler, unermeßliche Museumsschätze, mittelalterliche Kirchen und den Vatikan. Rom ist auch berühmt für seine Küche. Die bunte Palette reicht von der kleinen Trattoria in der Altstadt bis zum Luxusrestaurant an der Via Vittorio Veneto. Nicht zuletzt ist der Einkaufsbummel ein Teil der römischen Kultur. Je nach Geldbeutel können Sie sich in den eleganten Läden der Via Condotti verwöhnen lassen oder vielleicht ein Schnäppchen auf dem sonntäglichen Flohmarkt machen. Genießen Sie die Vitalität dieser Drei-Millionen-Metropole, die auch ihre Nachteile hat, wie Handtaschendiebe und ein chronisches Verkehrschaos. Und ganz gleich, ob Sie eine Münze in den Trevibrunnen werfen oder nicht – Sie werden immer wieder hierher zurückkommen.

HISTORISCHES

Der Legende nach wurde Rom im Jahre 753 v. Chr. von Romulus, dem ersten der sieben Könige Roms, und seinem Bruder Remus gegründet. Belegt ist, daß sich auf den sieben Hügeln bis 600 v. Chr. verstreute Siedlungen befanden. Die Gegend war Teil eines Königreiches, das zuerst von den Sabinern und später von den Etruskern regiert wurde. Die waren auch die Gründer der Stadt, die in der Folgezeit eine gewaltige Ausdehnung erreichen sollte. Sie legten das Sumpfgebiet trocken, auf dem später das Forum Romanum entstand, verlegten Abwässerkanäle und planten einen Tempel auf dem Kapitol. Im Jahre 509 v. Chr. wurde Tarquinius Superbus, der letzte etruskische König Roms, vertrieben; das Königreich wandelte sich zu einer Republik, deren Macht trotz Invasionen und Kriegen ständig wuchs. Auch Hannibals spektakuläre Überquerung der Alpen änderte nichts daran, daß die Punischen Kriege letztlich für Karthago die Niederlage brachten. Am Ende des 3. Punischen Krieges wurde Karthago von den Römern eingenommen und gänzlich zerstört.

Die römische Republik

Der erste römische General, der seine Truppen für politische Zwecke einsetzte, war Sulla (81 bis 79 v. Chr.), doch der bekannteste Herrscher, der diesem Beispiel folgte, war Gajus Julius Caesar. Er besiegte Gallien, Britannien und Italien und verlieh der Römischen Republik Anspruch und Dimensionen eines Weltreichs. Nach Caesars Ermordung im Senat wurde sein Großneffe Oktavian, besser bekannt unter dem Namen Augustus, erster römischer Kaiser (31 v. Chr.). Unter seiner Herrschaft wurden umfangreiche Bauvorhaben eingeleitet; es war ein Zeitalter kultureller Blüte, die Epoche Ovids und Vergils. Noch heute gibt es bauliche Überreste aus jener Zeit, so die Ruinen des Marcellustheaters, das Augustus seinem Neffen gewidmet hatte, und die Ara Pacis Augustae, der Friedensaltar des Augustus, den der Senat errichten ließ, um die Befriedung aller römisch besetzten Gebiete zu feiern. Erhalten sind auch das Mausoleum des Augustus und das Haus der Livia auf dem Palatin, wo Augustus und seine Gemahlin lebten.

Die Ruinen auf dem Palatin zeugen vom römischen Weltreich

HISTORISCHES

Die Kapitolinische Wölfin, eine etruskische Bronze. Romulus und Remus wurden später hinzugefügt.

Römisches Leben in vorchristlicher Zeit

Bis zu Beginn des 6. Jh.s v. Chr. bauten die Römer keine Tempel, sondern errichteten lediglich Erdaltäre im Freien. Folgt man der Legende, so brachten die Soldaten jener Zeit ihre Beute zu einer heiligen Eiche auf dem Kapitol. Belegt ist, daß die Könige hier den ersten Tempel erbauen ließen. Ungefähr zur Zeit der Gründung der Republik, im Jahr 509 v. Chr., wurde er vollendet. Obwohl er drei Göttern (Jupiter, Juno und Minerva) geweiht war, galt er einfach als Tempel des Jupiter. Hier im Zentrum des religiösen Lebens in Rom traf sich der Senat alljährlich zu seiner ersten Sitzung, und hier wurden auch die römischen Siege gefeiert.

Die Mythologie spielte eine wesentliche Rolle im frühen Weltbild der Römer. So verkörperte Jupiter für sie das Himmelszelt, und Mars, der später als Kriegsgott verehrt wurde, war für die Äcker zuständig. Die Religion reichte bis ins tägliche Leben hinein; sogar Häuser, Tore und Geschäfte hatten ihre eigenen Gottheiten. Der Gemeinschaftssinn war stark ausgeprägt, und die ältesten Stätten des Forum Romanum (s. S. 44) hatten sowohl religiösen als auch sozialen Charakter. Obwohl das Forum vergrößert wurde und das gesamte Tal umschloß, war sein Zentrum doch das *Comitium*, die allererste Versammlungsstätte, ein kleiner Platz vor dem Sitzungsgebäude des Senats *(Curia)* und dem freien Platz an der Via Sacra. Hier befand sich der Mittelpunkt des öffentlichen Lebens, der Schauplatz von Siegeszeremonien, religiösen Feiern, Opferfesten und wichtigen Bestattungen. Gleichzeitig diente der Platz als Gerichtsstätte, wo der Prätor vor dem römischen Volk Recht sprach.

Nach dem Ende der Republik (31 v. Chr.) entwickelte sich der Palatin (s. S. 50), nicht das Forum, zum eigentlichen Zentrum der römischen Welt.

HISTORISCHES

Römisches Leben in der Zeit nach Christus
In den Jahren 54 bis 68 war Nero römischer Kaiser. Seine Haltlosigkeit und Verschwendungssucht kannten keine Grenzen. So ließ er beispielsweise in den Jahren 54 bis 65 das Römische Theater in Pompeji für den Empfang des Königs Tiridates von Armenien innerhalb eines Tages von innen und außen vergolden. Als Rom im Jahr 64 bei einem großen Brand zu zwei Dritteln zerstört wurde, machte er dafür die Juden und Christen verantwortlich und ließ sie schließlich verfolgen. Sein phantastischer Palast (s. S. 68), dessen Reste noch heute zu besichtigen sind, war völlig vergoldet und mit größtem Luxus ausgestattet. Während der drei folgenden Regierungszeiten entstand das Kolosseum. Vespasian, Nachfolger Neros und erster flavischer Kaiser, wollte mit dem Bau, der für die „Vergnügungen" des Volkes gedacht war, Wiedergutmachung für Neros Taten üben. Doch das Bauwerk war bis zum Tode Vespasians im Jahr 79 noch nicht fertiggestellt. Es wurde dann zwar im Jahr 80 von seinem Sohn Titus eingeweiht, aber erst während der Herrschaft Domitians (81–96) vollendet.
Das erste Jahrhundert n. Chr. war eine Epoche zügelloser Genußsucht. Der Satiriker Juvenal beklagte, das römische Volk habe seine Macht, die höchsten politischen Ämter zu vergeben, für „Brot und Spiele" verkauft. Die kostenlosen „Vergnügungsveranstaltungen" wie Gladiatorenwettkämpfe, Tierhetzen und Hinrichtung von Christen erreichten ein solches Ausmaß, daß die Römer für einen Arbeitstag jeweils einen freien Tag erhielten. Nicht alle Bürger billigten dies; viele wechselten zum Christentum über. Auch in ferner gelegenen Provinzen kam es zu Aufständen gegen Rom. Der spätere Kaiser Titus eroberte im Jahr 70 Jerusalem und zerstörte den dortigen Tempel. Allen Wechselfällen zum Trotz wuchs das Imperium weiter. Die Feldzüge während der Herrschaftszeit Trajans (98-117) schoben die Grenzen über die Donau hinaus; am Ende seiner Regierungszeit erstreckte sich Rom von Spanien bis zum Kaspischen Meer und von Britannien bis Nordafrika.
Trajans Nachfolger Hadrian wollte die römische Kultur in die Welt hinaustragen. Seine besondere Liebe galt Griechenland. Dies zeigt sich auch im Stil seiner Villa in Tivoli und in der Anlage des Pantheons.
Im Jahr 286 teilte Diokletian seine Macht gleichberechtigt mit Maximianus und ernannte zwei „Caesares". Dieses System der Tetrarchie sollte für mehr Stabilität sorgen. Die Ruinen der Diokletian-Thermen sind heute eindrucksvoller Rahmen für das Museo Nazionale Romano (Museo delle Terme). Die Herrschaft wurde unter dem ersten christlichen Kaiser, Konstantin d. Gr., wieder vereint. Unter seiner Regierung entstanden zahlreiche Basiliken und Kirchen. Er ließ 313 die christliche Religion offiziell zu und verlegte seine Hauptstadt nach Byzanz, das er 330 in Konstantinopel umbenannte. Als Kaiser Theodosius im Jahr 395 starb, wurde das Reich zwischen seinen Söhnen endgültig geteilt. Das Weströmische Reich bestand danach nur noch einige Jahrzehnte.

HISTORISCHES

Es waren chaotische Jahre, bestimmt von Kämpfen und Unruhen. Rom wurde in den Jahren 410 von den Westgoten, 455 von den Vandalen geplündert, 546 von den Ostgoten erobert und zerstört. 476 endete das Weströmische Reich; um die Überreste stritten sich Germanen und Byzantiner. Als Papst Stephan III. 593 gegen die Bedrohung der Langobarden die Franken um Unterstützung bat, kam ihm Pippin der Kurze zu Hilfe. Er schlug die Langobarden und überließ einen Teil Mittelitaliens dem Papst. 774 wurden die Langobarden erneut geschlagen, diesmal von Karl dem Großen. Dieser baute damit die Vormachtstellung Frankens über Italien aus und sicherte gleichzeitig die Macht des Papstes Leo III., der ihn 800 in Rom zum Kaiser krönte. Seitdem fühlten sich die deutschen Kaiser als Erben des Imperium Romanum, das 1254 erstmals als Heiliges Römisches Reich (ab dem 15. Jh. mit dem Zusatz Deutscher Nation) in Erscheinung tritt. Als der Sachsenkönig Otto I. Kaiser wurde, beanspruchten die Päpste für sich das Recht, die Kaiser zu krönen. Im Mittelalter schließlich gewann das Papsttum unter Innozenz III. die Oberhand gegenüber dem Kaisertum.

Rom und das Papsttum

Der Kampf zwischen kirchlicher und weltlicher Macht erreichte im 13. Jh. seinen Höhepunkt. Als aber 1308 der Sitz des Papstes nach Avignon verlegt wurde, stand Rom nicht mehr im Brennpunkt. Durch einen Volksaufstand wurde 1347 Cola di Rienzo zum Führer Roms. Er wollte eine demokratische Republik errichten, wurde jedoch im Jahr 1354 – wiederum durch einen Volksaufstand – ermordet. Eines der wenigen mittelalterlichen Gebäude Roms, das heute noch erhalten ist, ist die Casa dei Crescenzi, irrtümlich als Haus des Cola di Rienzo bezeichnet. Dabei handelte es sich ursprünglich um einen Wachtturm der Crescentier, der mächtigsten Patrizierfamilie im 10. Jh.; bei der Errichtung des Turms fanden zahlreiche Fragmente aus antiken Bauten Verwendung. Nach dem großen Schisma, der Parteienspaltung zwischen den Päpsten in Rom und Avignon, begann Papst Martin V. nach 1447 Roms kulturelles Erbe neu zu beleben.

Papst Sixtus IV. ist die Gründung der Kapitolinischen Sammlung 1471 zu verdanken, aber auch die gelungene Stadtplanung und die Errichtung der Ponte Sisto, die ein schönes Stadtpanorama bietet. Die Sixtinische Kapelle, heute Bestandteil der Vatikanischen Museen, wurde auf seine Veranlassung erbaut und von den besten Künstlern der Toskana und Umbriens gestaltet.

Nicht weniger klangvoll ist der Name Borgia. Rodrigo Borgia, späterer Papst Alexander VI. (1492–1503), sicherte sich das Amt des Papstes durch Bestechung und betrieb unverhohlen Vetternwirtschaft.

Die Wohnung der Borgias ist heute Teil des vatikanischen Palastes. Papst Sixtus V. (1585–1590) kann als der Vater moderner Stadtplanung angesehen werden. Anders als seine Vorgänger, die lediglich die Lebensfähigkeit des alten Stadtkerns zu erhalten suchten, woll-

HISTORISCHES

te Sixtus V. die Stadt über die Ebene des Tiber und die höher gelegenen Hügel auf der linken Tiberseite hinaus ausdehnen, die von der Aurelianischen Mauer (s. S. 22) umschlossen wurden. Er ließ den Aquädukt des Alexander Severus (Acqua Felice) wiederaufbauen und entwarf ein Straßennetz, das strahlenförmig von Santa Maria Maggiore ausging und eine Verbindung zu den wichtigen Punkten der Stadt herstellte. Unter Urban VIII. begann die Blütezeit des römischen Barock. In seinem Auftrag schuf der Bildhauer, Maler und Architekt Bernini viele der prächtigen Bauwerke des 17. Jh.s, die bis heute erhalten sind. Im 18. Jh. verfiel das politische, kulturelle und wirtschaftliche Ansehen Roms. 1798 besetzte Napoleon I. die Ewige Stadt, nahm Papst Pius VI. gefangen (er starb 1799) und schickte Papst Pius VII. 1809 in die Verbannung. Er annektierte den Kirchenstaat, der erst 1815 (Wiener Kongreß) dem Papst wieder zugesprochen wurde. Die Revolution Garibaldis und Mazzinis führte 1848 zur Einigung Italiens. Viktor Emanuel II. von Sardinien wurde 1861 König von Italien. Hauptstadt des neuen Königreichs war seit 1870 Rom. Die politische Macht der Päpste wurde auf den Vatikan beschränkt. Mit Mussolinis Marsch auf Rom 1922 begann die faschistische Herrschaft in Italien, die mit einer Niederlage endete. 1946 wurde die Republik gegründet.
Seit 1929 gehörte der Vatikan mit der Peterskirche nicht mehr zu Rom. Die Lateranverträge, die zwischen der Kirche und dem italienischen Staat ge-

Papst Johannes Paul II. spricht seine Zuhörer in ihrer Landessprache an

schlossen wurden, sicherten die Souveränität des Vatikanstaats mit dem Papst als Oberhaupt. Später haben einfühlsamere Päpste einen neuen Geist in die katholische Kirche gebracht, insbesondere Johannes XXIII. in den 50er Jahren und der derzeitige Papst, Johannes Paul II., der erste nichtitalienische Papst seit 1523.

Kunst und Architektur
Zahlreiche Säulen und Bögen haben sich aus frührömischer Zeit erhalten. Die Trajanssäule z. B. blieb seit ihrer Errichtung im Jahre 113 fast unverändert. Die Reliefs der Säule informieren uns über Waffen und Kriegsführung der Römer und der Barbaren. Die Säule des Marc Aurel ist ein weiteres Denkmal für militärischen Erfolg. Sie war, wie auch die Trajanssäule, im Mittelalter Eigentum der Kirche und wurde deshalb nicht zerstört.
Allein die Größe frührömischer Bauten ist bereits imposant.

HISTORISCHES

Das Kolosseum – Roms größtes Monument

Das Marcellustheater, unter Cäsar erbaut, hat zwar heute ein völlig verändertes Aussehen, doch galt es – wie das Kolosseum – als Meisterwerk der Bautechnik. Das Kolosseum mit seinem gigantischen Oval war so konstruiert, daß ca. 50 000 Zuschauer problemlos Zutritt fanden. Für viele Bauwerke späterer Zeit war die Architektur des Kolosseums Vorbild. Das herausragende klassische Gebäude der Stadt ist das zur Zeit Hadrians erbaute Pantheon. Sein Baustil ist überwiegend griechisch; der riesige runde, gewölbte Saal offenbart jedoch römischen Charakter. In der Antike war das Pantheon mit vergoldeten Bronzeplatten gedeckt; sie wurden aber im 7. Jh. Beutegut des byzantinischen Kaisers Constantius II.; Papst Gregor III. ersetzte sie im 8. Jh. durch eine Bleiverdachung.
Das Pantheon blieb erhalten, weil Papst Bonifaz IV. es 608 in eine Kirche verwandelte.
Ein weiteres Charakteristikum der römischen Architektur sind die Basiliken, wenn auch der Urtypus heute nicht mehr vorhanden ist.
Will man einen Eindruck vom Innenraum einer alten Basilika gewinnen, so bietet San Paolo

HISTORISCHES

In dieser Zeit entstanden auch herrschaftliche Villen. Keine von ihnen ist schöner als die prachtvolle, reichverzierte Villa Giulia. Vignola, Ammannati und Vasari erbauten sie als Sommerresidenz für Julius III., den letzten der Renaissancepäpste.

Die Künstler
Die Zahl der römischen Baumeister bis zumEnde der Blütezeit der Architektur im 19. Jh. ist zu groß, als daß sich hier alle Namen aufzählen ließen. Dasselbe gilt für Malerei und Skulptur. Denn Rom ist eine Schatzkammer der Kunst. Will man eine Vorstellung von den unzähligen Marmorstatuen gewinnen, die einst in Rom standen, bieten sich die Vatikanischen Museen und das Thermenmuseum für einen Besuch an. Beispiele altrömischer Mosaiken finden sich in Neros Domus Aurea und im Hause der Livia. Unzählige Fresken ziehen uns auch heute noch in ihren Bann, wie die Arbeit Fra Angelicos in der Cappella di Niccolò V. und die Botticellis, Ghirlandaios und Peruginos in der Sixtinischen Kapelle. Zu den wichtigsten Künstlern des 15. Jh.s gehören Bramante, Michelangelo und Raffael. Das Lebenswerk Michelangelos spannt sich über mehr als ein halbes Jahrhundert; er schuf gefeierte Werke wie die „Pietà", die Decke der Sixtinischen Kapelle und das „Jüngste Gericht". Raffael, der aus Urbino stammt, wurde unsterblich durch seine Fresken in den als „Stanzen" bekannten Räumen, der Privatwohnung des Papstes Julius II. im Vatikan.
Weniger bekannt, aber typisch für die Stilrichtung des Manierismus waren Maler wie Giulio

fuori le Mura ein anschauliches Beispiel, wenn auch der heutige Bau von 1823 stammt.
Palazzi (Paläste) sind besonders eng mit unserer Vorstellung von Italien verbunden. Zu den vornehmsten Palästen gehören der Palazzo Venezia und der Palazzo della Cancelleria, beides Renaissancebauwerke. Unter Papst Paul II. entstand mit dem Palazzo Venezia der erste große Renaissancepalast Roms. Vom Palazzo della Cancelleria nimmt man an, daß er im 15. Jh. für Kardinal Riario, den Neffen Sixtus' IV., erbaut wurde. Das Geld soll Riario beim Glücksspiel gewonnen haben.

HISTORISCHES

Die Fontana del Nettuno auf der schönen barocken Piazza Navona

Romano, Perin del Vaga, Parmigianino und Rosso Fiorentino. Zu dieser Stilrichtung gehören auch die Künstler Pellegrino Tibaldi und Francesco Salviati mit ihren kühn bewegten Figuren. Zum Ende des 16. Jh.s fehlte es der römischen Kunst an Kraft zur Erneuerung, und erst Caravaggio sorgte für neue Inhalte. Er war um 1590 als Jugendlicher nach Rom gekommen. Sein ausgeprägter Sinn für realistisches Detail und Helldunkelkontraste wurde von einigen Mäzenen erkannt. Seine Hauptwerke entstanden in den Kirche San Luigi dei Francesi und Santa Maria del Popolo. Weitere sind heute in der Galleria Borghese ausgestellt. Sein Lebenswandel brachte ihn immer wieder in Schwierigkeiten; er mußte wegen Totschlags aus Rom fliehen und starb mit noch nicht ganz 37 Jahren. In der nächsten Generation erreichte der Barock mit den Werken Gian Lorenzo Berninis seinen Höhepunkt. Gian Lorenzo war der Sohn Pietro Berninis, ohne dessen Brunnen, Statuen und Plätze das barocke Rom undenkbar wäre. Einige seiner Hauptwerke sind in der Galleria Borghese zu sehen; seine bekannteste Plastik, die „Verzückung der hl. Theresia", bewahrt eine Kapelle in der Kirche Santa Maria della Vittoria.
Als sein Erzrivale gilt der Bildhauer Borromini, der im Alter von 15 als Steinmetz begann und mit seinem Entwurf für Kirche und Kloster von San Carlo alle Quattro Fontane den Durchbruch schaffte. Die Barockzeit brachte auch den Höhepunkt der illusionistischen Deckenmalerei. Ein Meisterwerk dieser Gattung ist das Deckenfresko im Palazzo Barberini, eine Arbeit Pietro da Cortonas zur Verherrlichung der Familie Barberini.
Im Klassizismus kam die nie ganz erloschene Begeisterung für die Antike erneut zur Geltung. Piranesi schuf seine römischen Veduten, die Bildhauer Canova und Thorwaldsen lebten und arbeiteten in Rom.
Nach der Einigung Italiens entstanden im 20. Jh. zahlreiche umstrittene Monumentalbauten wie der „Altar des Vaterlandes", das Monumento a Vittorio Emanuele II. In der Zeit des Faschismus wurde das Foro Italico errichtet und mit dem Bau des römischen Hauptbahnhofs Stazione Termini begonnen. In der Nachkriegszeit entstanden großzügige Wohnviertel und Sportanlagen wie das E.U.R.-Viertel und das 1990 modernisierte Olympiastadion.

DIE VERSCHIEDENEN STADTTEILE

Das mittelalterliche Viertel

Die Gegend um die Piazza Navona und das Pantheon ist als Campus Martius oder Campo Marzio bekannt. Der Name geht auf die Zeit zurück, als sich hier das antike Marsfeld befand. Das einstmals weite und offene Gelände, ein Ort militärischer Übungen und sportlicher Aktivitäten zur Zeit der römischen Kaiser, ist heute längst von einem Labyrinth enger Straßen und Gassen überzogen. Nur die Namen der Via und der Piazza di Campo Marzio erinnern noch an die antike Vergangenheit, als in Park- und Gartenanlagen Bäder, Theater und Arenen besucht wurden und auf dem unbebauten Gelände Wagenrennen stattfanden. Der Charakter der Gegend änderte sich im 6. Jh., als die ostgotischen Belagerer die Wasserzufuhr für die höhergelegenen Stadtteile Roms abschnitten und die Bewohner näher zum Tiber abwanderten. So wurde das Marsfeld in den nachfolgenden Jahren das Zentrum Roms. Zwischen den Ruinen des Campus wuchs eine mittelalterliche Stadt mit Palästen und Kirchen. Diesen Stadtteil erkundet man am besten zu Fuß.

Monte Mario

Auf dem Hügel am Rande der Stadt entstand erst in jüngerer Zeit ein beliebtes Wohngebiet. Hier ließ Clemens VII. von Antonio da Sangallo d. J. die Villa Madama erbauen, deren Pläne ursprünglich Raffael entworfen hatte. Heutzutage fährt man auf den Monte Mario, um den Abgasen des römischen Stadtverkehrs zu entkommen und den herrlichen Ausblick auf die Stadt zu genießen.

Parioli

Ein reiches Wohngebiet mit einigen feudalen Klubs und Hotels. Die Villen dieses grünen Viertels sind von weitläufigen Parks umgeben. Im Westen liegt die Villa Glori, im Osten die Villa Ada und im Süden, im Quartiere Pinciano, die Villa Borghese, Roms größter öffentlicher Park.

Piazza della Repubblica

Die Piazza liegt zentral in unmittelbarer Nähe des Hauptbahnhofs, mehrerer Ministerien und Museen.

Verblichene Eleganz im Wohngebiet Parioli

DIE VERSCHIEDENEN STADTTEILE

Roms berühmtester Treffpunkt – die Spanische Treppe

Bei den Römern heißt dieser Platz heute noch „Piazza dell'Esedra" nach den halbrunden Arkadenbauten, die den Ausmaßen der ehemaligen Diokletiansthermen entsprechen. Man kann in dieser Gegend zu annehmbaren Preisen übernachten.

Das barocke Viertel

Das Viertel um die Piazza di Spagna ist einer der Hauptanziehungspunkte Roms. Der Name des unregelmäßig angelegten Platzes stammt aus dem 17. Jh., als sich hier im Palazzo di Spagna die Spanische Botschaft beim Heiligen Stuhl befand. Die Piazza war zu allen Zeiten Treffpunkt für Reisende, vor allem für Künstler und Literaten; Goethe, Schopenhauer, Liszt, Keats und Shelley waren hier. Im 18. Jh. nannte man diese Gegend „englisches Ghetto", für das berühmte Caffè Greco war aber auch der Name „Deutsches Café" geläufig. Die Via delle Carrozze, die von der Piazza abgeht, bezog ihren Namen von den Kutschen, die wegen Reinigungs- und Reparaturarbeiten dorthin fuhren. Heute wie in früheren Zeiten sind die Via del Babuino und die parallele Via Margutta Zentren des Kunsthandels. In der Via Condotti findet man die elegantesten Läden der Stadt und auch einige der traditionsreichsten Cafés von Rom.

Prati

Ein ruhiger Vorort, in dem die soziale Mittelschicht wohnt. Hier kann man preiswert einkaufen; es gibt Pensionen in Hülle und Fülle.

Das Renaissance-Viertel

Die Renaissance-Atmosphäre südlich des Corso Vittorio Emanuele wird zum großen Teil durch den prachtvollen Palazzo Farnese geschaffen. Marktatmosphäre vermittelt die Piazza del Campo dei Fiori, auf der täglich außer sonntags der Blumen- und Gemüsemarkt stattfindet. Bis ins 16. Jh. galt diese Gegend als ausgesprochen vornehmes Wohngebiet. Später fanden auf dem Platz Hinrichtungen statt. In diesem Stadtteil lebten Rodrigo Borgia, späterer Papst Alexander VI. (1492–1503), und seine Geliebte Vannozza Cattanei. Benvenuto Cellinis Meisterwerke entstanden hier, und hier vergiftete sich Imperia, eine berühmte Kurtisane der Renaissancezeit.

DIE VERSCHIEDENEN STADTTEILE

In der Renaissance entstanden in diesem Viertel meisterhafte Paläste, man organisierte das Glücksspiel und führte prunkvolle Prozesionen durch, die zum Vatikan zogen. Eine der schönsten Straßen der Umgebung ist die verträumt-elegante Via Giulia mit ihren Kunstgalerien und schicken Hotels. Nach Papst Julius II. benannt und von Bramante als neuer Weg zum Vatikan geplant, galt sie im 16. Jh. als vornehme Adresse.

Trastevere

Im 19. Jh. war dieses Viertel „jenseits des Tiber" der ärmste Stadtteil Roms. Die teilweise verfallenen mittelalterlichen Häuser machen heute seinen besonderen Charme aus. Es ist immer noch ein volkstümliches, sehr römisches Viertel und hat mit seinen Bars und Restaurants vor allem abends seinen eigenen Reiz. Die Bewohner Trasteveres behaupten, sie stammten von vornehmen Familien der Antike ab, doch entspricht dies nicht unbedingt der Wahrheit, denn zur Kaiserzeit befand sich hier eine Wohnsiedlung für Fremde. Seeleute aus Ravenna ließen sich im 1. Jh. in Trastevere nieder, und später siedelten sich hier Orientalen und Juden an. Wegen seiner Lage jenseits des Tiber war dieses Viertel bis ins 14. Jh. ein ganz separater Stadtteil, der jedes Jahr im Juli sein eigenes Straßenfest abhält, das *Noiantri* („wir anderen").

Die Cestiusbrücke verbindet die Tiberinsel und Trastevere

DIE VERSCHIEDENEN STADTTEILE

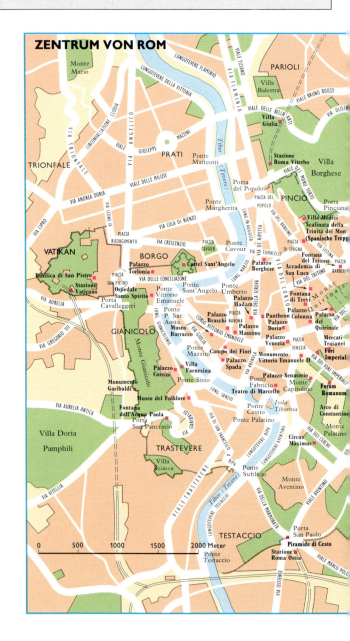

DIE VERSCHIEDENEN STADTTEILE

SEHENSWÜRDIGKEITEN

SEHENSWÜRDIGKEITEN

Wenn Sie Rom zum erstenmal besuchen, sollten Sie zunächst an einer organisierten Stadtrundfahrt teilnehmen, um wenigstens annähernd eine Vorstellung davon zu bekommen, was Sie gerne im einzelnen besichtigen möchten. Da die Geschichte eine wesentliche Rolle für das Verständnis dieser Weltstadt spielt, ist die Lektüre eines detaillierten Führers zu empfehlen, damit man die Großartigkeit der Baudenkmäler und Kunstschätze besser nachvollziehen kann. Wenn Sie auf eigene Faust eine Besichtigungstour unternehmen, denken Sie daran, daß man fast überall Eintrittsgeld bezahlen muß und daß viele Einrichtungen montags geschlossen sind.

◆
ACCADEMIA DI SAN LUCA
Largo Accademia di San Luca 77
Gegen Ende des 15. Jh.s wurde eine Bruderschaft von Künstlern gegründet, die alle einer kleinen Kirche verbunden waren, die dem hl. Lukas, dem Patron der Maler, geweiht war. Heute ist der Palazzo Carpegna, der im 16./17. Jh. erbaut wurde, nahe der Fontana di Trevi, Sitz der Kunstakademie San Luca. Zu den Schätzen der Accademia gehören ein Freskenfragment Raffaels, ein Rubens, ein van Dyck, drei Tizian zugeschriebene Gemälde, darunter der „Hieronymus", und „Judith und Holofernes" von Piazzetta. Weitere beachtenswerte Stücke aus dem 17.–19. Jh. werden gezeigt.
 Mo, Mi, Fr und letzter So im Monat 10–13 Uhr, im August geschlossen; Eintrittsgebühr.

◆
ANTIQUARIUM FORENSE E PALATINO (ANTIQUARIAT DES FORUMS)
Piazza Santa Maria Nova 53
Dieses Museum beherbergt archäologische Funde aus altrömischer Zeit. Die meisten Ausgrabungen stammen vom Forum Romanum. Ein Teil des Museumskomplexes besteht aus Überreste des **Doppeltempels der Venus und Roma**. Die Cella des Roma-Tempels blieb fast völlig erhalten, die des Venus-Tempels ist nahezu völlig zerstört.
 9–18 Uhr; Di, So 9–13 Uhr; Eintrittsgebühr.

◆◆
ARA PACIS AUGUSTAE (FRIEDENSALTAR DES AUGUSTUS)
Via di Ripetta
Nach Augustus' Siegen in Gallien und Spanien ließ der Senat zur Feier des Friedens dieses Denkmal errichten. Die Weihe war im Jahr 9 v. Chr. Der Altar wurde 1938 aus Bruchstücken wiederaufgebaut und ergänzt. Die ersten Teile davon waren bei Ausschachtungsarbeiten 1859 wieder aufgetaucht.
Der eigentliche Altar aus Carraramarmor ist annähernd quadratisch und steht auf einem Sockel, zu dem eine Treppe emporführt. Von seinen Reliefs, die Opferfeierlichkeiten zeigen, ist nur wenig erhalten. Im Kontrast dazu sind die äußeren Umfassungsmauern des Altars wunderschön ornamentiert. Den unteren Teil füllen stilisierte Blumen und Akanthuslaub. Das Relief auf der östlichen Seite zeigt Italia, die als Erdgöttin Tellus erscheint und mitten in einer fruchtbaren Natur mit Pflanzen

SEHENSWÜRDIGKEITEN

Der Triumphbogen für Kaiser Konstantin ist ausgezeichnet erhalten

und Tieren sitzt. Der obere Bilderfries stellt mythologische Szenen dar, u. a. Aeneas bei einer Opferung. Außerdem ist die Prozession anläßlich der Grundsteinlegung des Altars zu sehen. Man erkennt Augustus im Gefolge von Liktoren und Konsuln sowie Angehörige der kaiserlichen Familie. Die ältere Person hält man für Agrippa; bei den Frauen sind Augustus' Ehefrau Livia, seine Tochter Julia und seine Nichte Antonia zu erkennen. Bei einem der drei dargestellten Kinder soll es sich um den späteren Kaiser Claudius handeln.
◷ 9–13.30, 16–19 Uhr; Mo geschlossen; Eintrittsgebühr.

◆◆
ARCO DI COSTANTINO (KONSTANTINSBOGEN)
Piazza del Colosseo
Der dreifache Triumphbogen für Konstantin den Großen ist eines der letzten großen Bauwerke aus altrömischer Zeit. Er wurde im Jahre 315 im Auftrag des römischen Senats zur Erinnerung an den Sieg des Kaisers über Maxentius (312) geschaffen.
Daß die Qualität der römischen Bildhauerkunst bereits ihren Höhepunkt überschritten hatte, macht die Darstellung Konstantins während einer Rede an die Römer deutlich. Die besten Reliefs des Denkmals sind von früheren Monumenten, vor allem aus der Zeit Trajans, Hadrians und Marc Aurels, übernommen worden.

SEHENSWÜRDIGKEITEN

◆
ARCO DI SETTIMIO SEVERO (SEPTIMIUS-SEVERUS-BOGEN)
Am westlichen Ende des Forum Romanum
Der Bogen wurde im Jahre 203 zur Feier der kaiserlichen Triumphe über die Parther und Araber gebaut und diente vielen Bauherren als Vorbild. Im 18. Jh. war er eines der Lieblingsobjekte des französischen Künstlers Hubert Robert, der wegen seiner Vorliebe für die Darstellung zerfallener Bauwerke den Beinamen „Robert des Ruines" erwarb.

◆◆
ARCO DI TITO (TITUSBOGEN)
Am östlichen Ende des Forum Romanum
Roms ältester erhaltener Triumphbogen wurde im Jahre 81 für Kaiser Titus über der Velia erbaut und sollte an die Eroberung Jerusalems im Jahre 70 erinnern. Die Gedenkstätte liegt auf der höchsten Stelle der Via Sacra und bietet eine wunderbare Aussicht. Die Reliefs zeigen u. a. Beutestücke aus dem Tempel Jerusalems: den siebenarmigen Leuchter, die Silbertrompeten und den Tisch der Schaubrote. Das eindrucksvolle Baudenkmal wurde 1821 gründlich restauriert.

◆
AURELIANISCHE STADTMAUER
Zwischen 272 und 279 wurde diese Mauer unter den Kaisern Aurelian und Probus zum Schutz gegen Grenzübertritte germanischer Stämme errichtet

Teile der Aurelianischen Mauer sind noch immer sehr gut erhalten

SEHENSWÜRDIGKEITEN

und umschloß alle sieben Hügel Roms. Mit wuchtigen Pfeilern abgestützt, war sie 19 km lang, hatte 18 Tore und 383 Türme. Ein erstaunlich großer Teil davon ist noch heute in sehr gutem Zustand.
Am besten kann man die Mauer an der Porta San Sebastiano sehen und an der Via Campania, östlich der Porta Pinciana.

◆
AVENTIN
Der Monte Aventino ist einer der sieben Hügel der Frühzeit. Südlich des Palatin erhebt er sich vom Parco Sant' Alessio aus.
Auf dem Aventin stehen nicht nur sieben sehenswerte Kirchen, auch die Gestaltung der Piazza dei Cavalieri di Malta ist sehenswert; die Einfassung des „Platzes der Malteserritter" und die Fassade der Kirche Santa Maria dei Priorato di Malta sind im 18. Jh. von dem eher als Kupferstecher bekannten Piranesi entworfen worden. Schaut man rechts durch das Schlüsselloch der Eingangstür zum Priorat, so erschließt sich ein außergewöhnlicher Blick auf Rom – die Kuppel des Petersdoms, umrahmt von Bäumen.

◆
BASILICA AEMILIA
Forum Romanum
Kommt man ins Forum, so liegt dieses verfallene Gebäude gleich rechts vom Eingang. Die Basilika diente als Marktplatz, Versammlungsort für Kaufleute und als allgemeiner Treffpunkt. Im frühen 5. Jh. befand sich hier eine Reihe von Metzgerläden, in die dann nach und nach Geldwechsler einzogen. Nach der Errichtung der Basilika im Jahre 179 v.Chr. wurden die Geldwechsler nicht vertrieben, aber man verstellte den Blick auf sie durch den Bau des Portikus.
Die Basilika wurde mehrere Male durch Brände zerstört und wiederaufgebaut. So wie die Ruinen heute aussehen, wurden sie nach der Plünderung Roms durch Alarich (410 n.Chr.) zurückgelassen.

◆
BASILICA DI SANT' AGNESE FUORI LE MURA
An der Via Nomentana, nahe der Via Sant' Agnese
Möglicherweise ließ Constantia, eine Tochter Kaiser Konstantins d. Gr., die erste Basilika als Grabstätte für die hl. Agnes erbauen, die 304 als Märtyrerin gestorben war. Das ungewöhnliche Gebäude ist in die Katakomben hineinkonstruiert, in denen Agnes beerdigt wurde. Die heutige Kirche wurde allerdings von Papst Honorius I. (625–638) über dem von Constantia errichteten Gotteshaus angelegt und spiegelt noch heute die Atmosphäre frühchristlicher Gottesverehrung wider. Das aus dem 7. Jh. stammende Mosaikporträt der jungen Agnes ist ein Glanzstück byzantinischer Kunst in Rom. Agnes ist darauf zusammen mit den Päpsten Symmachus und Honorius zu sehen, letzterer hält ein Modell der Kirche. Auf dem Altar liegt eine antike Alabasterfigur, die im 17. Jh. zur Statue der hl. Agnes umgearbeitet wurde. Der Altar birgt die sterblichen Überreste der Heiligen und der hl. Emerentiana, die man steinigte, als sie an Agnes' Sarkophag beim Beten entdeckt wurde. Jedes Jahr werden in dieser Kirche am 21. Januar zwei Lämmer gesegnet und dann zum

SEHENSWÜRDIGKEITEN

Papst gebracht, der ihnen ebenfalls seinen Segen gibt. Nonnen aus Trastevere weben aus ihrer Wolle einen Bestandteil des Bischofsgewandes, das *Pallium*.

◆◆ BASILICA DI SAN CLEMENTE
Piazza di San Clemente, Via di Giovanni in Laterano
Diese alte und reizvolle Basilika besteht eigentlich aus drei Gotteshäusern, die zwischen dem 1. und 12. Jh. quasi übereinander gebaut wurden. Die Mönche erläutern gerne die komplexe Geschichte des Bauwerks. Der unterste Teil war ursprünglich ein frühchristliches Herrenhaus. Hier haben Archäologen ein „Mithraeum" entdeckt, eine heilige Stätte des Mithraskults aus der frühchristlichen Zeit. In Mithras verehrte dieser Mysterienkult den Überwinder der Finsternis, der später mit dem Sonnengott gleichgesetzt wurde. Zeitweilig stand der Mithraskult auch in starker Konkurrenz zum Christentum. Die Räume der darüberliegenden Unterkirche, einer dreischiffigen Basilika, sind mit romanischen Fresken geschmückt. Der mittelalterliche Innenraum der Oberkirche ist ebenfalls wunderbar erhalten. Neben der oberen Kirche liegt ein Märtyrergrab, in dem die Reliquien des hl. Clemens und des hl. Ignatius ruhen sollen. Die Mosaiken aus dem frühen 13. Jh. in der Apsiskuppel und im Triumphbogen – in Blau, Grün und Gold gehalten – gehören zu den schönsten Arbeiten in der Kirche. Weitere Fresken findet man in der Kapelle der hl. Katherina von Alexandria (15. Jh.) im Seitenschiff. Sie wer-

Der Kreuzgang von S. Giovanni in Laterano – ein Meisterwerk der Vassallettos

den Masaccio oder Masolino da Panicale zugeschrieben.

◆◆ BASILICA DI SAN GIOVANNI IN LATERANO
Piazza S. Giovanni in Laterano
Die Lateranbasilika ist die Bischofskirche des Papstes (nicht der Petersdom). Zur Zeit Kaiser Konstantins über den Kasernen der Armee erbaut, stand sie bis zum 14. Jh. neben der damaligen päpstlichen Residenz. Sie erlebte mehrere Umbauphasen, so daß man ihr Alter heute nicht ohne weiteres erkennen kann.

SEHENSWÜRDIGKEITEN

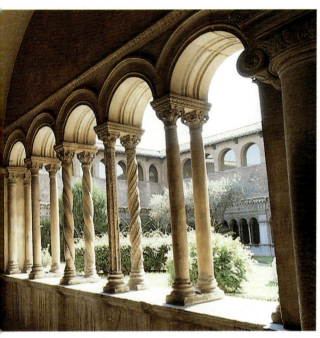

Die Vandalen zerstörten das erste Gebäude, ein Erdbeben im 8. Jh. vernichtete das zweite. Im 14. Jh. schließlich brannte es zweimal ab. Als dann Borromini 1646 mit der Restaurierung beauftragt wurde, war von der ursprünglichen Substanz nur noch wenig erhalten. Die heutige Hauptfassade ist eine Arbeit Alessandro Galileis von 1735. Der Petersdom diente als Vorbild dieses Bauwerks mit seinen etwa 7 m hohen Statuen, das heute ein Wahrzeichen der Stadt geworden ist und selbst vom Gianicolo aus zu sehen ist. Die antiken, bronzenen Türen des Mittelportals stammen vom Sitzungsgebäude des Senats (Curia) auf dem Forum Romanum. Das Portal ganz rechts, die *Porta Santa*, öffnet sich nur im Heiligen Jahr (alle 25 Jahre). Den Innenraum baute Borromini um; seine Vorliebe für Zentralbauten schlug sich in der Gestaltung nieder. Nur wenige ältere Elemente blieben erhalten. Am rechten inneren Seitenschiff zeigt der erste Pfeiler Reste eines Freskos von Giotto mit einer Darstellung Bonifaz' VIII., der das Heilige Jahr 1300 verkündet. Am nächsten Pfeiler steht ein Grabdenkmal Papst Sylvesters II. Das Denkmal wurde erst 1909 gestiftet, aber eine ältere Inschrift erzählt davon, daß der Grabstein vor dem Tod eines Papstes zu schwitzen beginnt und aus dem Grab ein Geräusch klappernder Knochen klingt.

SEHENSWÜRDIGKEITEN

Am Papstaltar in der Mitte der Kirche finden Sie hinter vergoldeten Gitterstäben den Holztisch, an dem Petrus die heilige Messe gefeiert haben soll. Eine kleine Tür im Querschiff links führt zum Kreuzgang, einem wunderbaren Beispiel von Kosmatenarbeit (Mosaikarbeit, die nach den Künstlerfamilien mit dem Namen Cosmas im 12. und 13. Jh. benannt wurde). Vater und Sohn Vassalletto schufen den „chiostro" mit seinen einmaligen Säulenvariationen zwischen 1215 und 1232 aus mehrfarbigem Marmor und Gold. Die wirkungsvollste Ansicht bietet sich vom Garten aus.

Neben der Basilika steht das Baptisterium, die Taufkapelle, mit einem Taufbecken aus grünem Basalt. Früher befanden sich hier die Bäder des „Hauses

Eine der riesigen Apostelstatuen in San Giovanni im Lateran

der Fausta", der zweiten Frau Konstantins. Das heutige achteckige Gebäude wurde unter Sixtus III. 434–440 gebaut, zu einer Zeit, als die Taufe noch durch Untertauchen stattfand. Vier weitere Kapellen umgeben das Baptisterium. In die Kapelle des hl. Johannes führen antike Bronzetüren aus dem 2. Jh.

Auf der anderen Seite des Platzes liegt die *Scala Santa* (Heilige Treppe). Sie ist alles, was vom alten Lateranspalast noch übrig blieb, den Sixtus V. 1586 beim Bau des neuen Palastes durch Fontana zerstören ließ. Die heute mit Holz verkleideten Marmorstufen der „Heiligen Treppe" soll Christus während seines Prozesses im Palast des Pilatus in Jerusalem hinaufgegangen sein. Die Scala führt zum „Allerheiligsten" (Sancta Sanctorum), der ehemaligen Privatkapelle des Papstes im alten Lateranpalast, die auch Kapelle des hl. Laurentius genannt wird. Durch das Gitter kann man einen Blick auf die vielen wertvollen Reliquien werfen. Auffallend ist ein silberverziertes Bild Christi, das über dem Altar hängt – das „acheiropoieton" (nicht von menschlicher Hand gemalt).

In der Mitte der Piazza di San Giovanni in Laterano steht Roms ältester und größter Obelisk. Constantius II. brachte ihn 357 aus Ägypten nach Rom in den Circus Maximus. 1587 wurde er dort in drei Teilen gefunden und von Sixtus V. als städtebaulicher Akzent auf der Piazza wieder aufgestellt.

🕓 Basilika täglich 7–19 Uhr; Kreuzgänge 9–18 Uhr (in der Mittagspause geschlossen); Taufkapelle 8–12 u. 15–18 Uhr; Scala Santa 6–12 u. 14.30–19 Uhr.

SEHENSWÜRDIGKEITEN

◆◆
BASILICA DEI SANTI GIOVANNI E PAOLO
Piazza dei SS. Giovanni e Paolo
Der Bau entstand im 4. Jh. an der Stelle, wo die Heiligen Johannes und Paul (nicht die Apostel) den Märtyrertod starben. Beide hatten in der Armee Konstantins, des ersten christlichen Kaisers, als Offiziere gedient. Nach ihrer Pensionierung wurden sie unter dem heidnischen Kaiser Julian Apostata in die Armee zurückberufen. Als sie sich weigerten, einem heidnischen Gott zu opfern, wurden sie hingerichtet.
Die Räume unter der Kirche bilden einen einzigartigen Gebäudekomplex, in dem Reste eines antiken Palastes, eines frühchristlichen Hauses und eines mittelalterlichen Oratoriums verwachsen sind. Fresken aus dem 2. und 4., aber auch aus dem 9. und 12. Jh. sind noch erhalten. Die frühesten Fresken scheinen die geheimnisvollen Legenden, die mit der Kirche verbunden sind, zu bestätigen.

◆◆
BASILICA DI SAN LORENZO FUORI LE MURA
Piazzale di San Lorenzo, Campo Verano
Der hl. Laurentius starb unter der Herrschaft Kaiser Valerians als Märtyrer auf einem glühenden Rost Er wurde, wie viele andere Christen, in einer Katakombe begraben. Kaiser Konstantin ließ darüber eine Basilika mit Zugang zum Grab des Heiligen erbauen; später wurdesie Grabstätte mehrerer Päpste. Der Altarraum in seiner jetzigen Gestaltung stammt aus der Zeit Papst Pelagius' II. (6. Jh.), der die Konstantinsbasilika durch einen kompletten Neubau ersetzte; der vordere Teil der heutigen Kirche, die „basilica maior" stammt aus der Zeit Sixtus' III. (5. Jh.). Ein Mosaik aus dem 6. Jh. im Inneren zeigt Pelagius, wie er Christus ein Modell der Kirche reicht. Auf Papst Honorius III. (1216–1227) geht die Verbindung beider Bauten zurück. Sowohl der Fußboden im erhöhten Chor als auch der Säulenbaldachin über dem römischen Sarkophag rechts vom Eingang und der Osterleuchter sind mit Kosmatenarbeit aus dem 12. und 13. Jh. geschmückt. Der Friedhof Campo Verano, der größte katholische Friedhof Roms, umgibt S. Lorenzo.

◆
BASILICA DI SAN MARCO
Piazza di San Marco
Dieses Gotteshaus, erbaut 336 n. Chr., ist dem Schutzheiligen Venedigs geweiht, der sein Evangelium während eines Romaufenthaltes in einem Haus am Kapitol geschrieben haben soll. Der Leichnam seines Namensvetters, des Papstes Markus, dem die Gründung der Kirche zugeschrieben wird, ruht mit den sterblichen Überresten von St. Abdon und St. Sennen, die im Mittelalter sehr verehrt wurden, unter dem Hauptaltar. Die Mosaiken in der Apsis stammen aus der Zeit von Papst Gregor, der die Kirche im 9. Jh. umbaute; Änderungen erfolgten im 15. und 18. Jh. In dem barock ausgeschmückten Kirchenraum spricht u. a. die geschnitzte Renaissance-Holzdecke an. In der Vorhalle erinnert der Grabstein an der rechten Wand an Vannozza Cattanei, die Geliebte Papst Alexanders VI., mit dem sie mehrere Kinder hatte.

SEHENSWÜRDIGKEITEN

◆◆◆ BASILICA SANTA MARIA MAGGIORE
Piazza Santa Maria Maggiore
Die mächtige Basilika auf dem Esquilin ist einer der wichtigsten Wallfahrtsorte der Stadt. Sie hat noch drei weitere Namen: „Basilica Liberiana", „Santa Maria ad Praesepe" oder „Santa Maria della Neve". Nach der Überlieferung ließ Papst Liberius (353–366) die Basilika errichten. Er hatte eine Vision von der Jungfrau, die ihm den Bau der Kirche befahl und zum Beweis ihrer göttlichen Sendung mitten im Sommer Schnee fallen ließ. Doch diese Basilika stand vermutlich an einem anderen Platz als die heutige Kirche, von der man annimmt, daß sie Papst Sixtus III. (432–440) erbauen ließ. Nach dem Konzil von Ephesus, das Maria den Titel der Mutter Gottes zuerkannte, weihte er ihr seine Kirche, eines der ersten Zeichen des Marienkultes, dessen weite Verbreitung noch nicht vorauszusehen war. Die Wahl des Standortes hatte wohl einen praktischen Grund. Viele Frauen besuchten noch den Tempel der Muttergöttin Juno Lucina, der auch auf dem Esquilin lag. Mit der Marienkirche wurde dem heidnischen Kult der christliche entgegengesetzt. Die von Ferdinando Fuga 1743 bis 1750 neu gestaltete Hauptfassade der Kirche vermittelt keinerlei Vorstellung von dem Reichtum im Inneren. Vierzig enggestellte Säulen trennen die Schiffe und tragen einen Architrav. Zwischen ihm und den Fenstern stellen 36 Mosaiktafeln alttestamentarische Szenen dar. Sie gelten als Arbeiten aus der Zeit Sixtus' III. Besser sichtbar sind die goldenen und farbenprächtigen Mosaiken im Triumphbogen, die die wichtigsten Ereignisse aus der Kindheit Jesu beschreiben.

Die prachtvolle Kirche Santa Maria Maggiore beherrscht den Esquilin

SEHENSWÜRDIGKEITEN

Das Apsismosaik ist später entstanden. Der Franziskaner Jacopo Torriti, der es Ende des 13. Jh.s schuf, scheint sich aber in seiner Formensprache auf frühere Vorbilder zu beziehen. Der Innenraum birgt nicht nur schöne Mosaiken. Zu den Schätzen, die die Kirche zu bieten hat, gehört u. a. das *Oratorio del Presepio* unter der Cappella Sistina, dessen Existenz schon im 7. Jh. dokumentiert wurde. Diese kleine Kapelle, die rechts an das Kirchenschiff anschließt, ist der Geburtsgrotte in Bethlehem nachempfunden. Sie wurde an Stelle der alten Kapelle errichtet, die 1290 Arnolfo di Cambio erneuert hatte. Die meisten Mosaiken und Statuen Arnolfos sind heute zerstört. Zu den Figuren, die gerettet werden konnten, gehörten Joseph, die Heiligen Drei Könige, Ochse und Esel, alles Teile der ursprünglichen Stallszene Arnolfos. Wenn Sie die Statuen sehen wollen, bitten Sie in der Sakristei darum, daß man Ihnen die Tür zur unterirdischen Grotte öffnet. Neben dem Hochaltar, vor dem Reliquiar, ist eine Statue des knienden Pius IX. zu sehen. Das Reliquiar, das angeblich Reste der Krippe enthält, in der Jesus gelegen hat, soll aus dem 7.–9. Jh. stammen. Es trägt eine eigenartige griechische Inschrift. Immer nur am 25. Tag eines Monats wird es ausgestellt und am Heiligen Abend feierlich um die Basilika getragen. Ein weiteres Meisterwerk der Kirche ist die prunkvoll geschmückte *Cappella Paolina*. An ihrer Errichtung 1611 hatten fast alle römischen Bildhauer Anteil, unter anderem Pietro Bernini. Man ist einfach überwältigt von der Pracht des Hauptaltars mit seinem Schmuck aus Jaspis, Achat, Amethyst und Lapislazuli. In seiner Mitte sieht man das dem Evangelisten Lukas zugeschriebene Gnadenbild der *Maria, Salus Populi Romani* („Maria, Heil des römischen Volks"). Es stammt aber vermutlich aus dem 13. Jh. Jedes Jahr am 5. August schweben weiße Blütenblätter von der Kuppel der Kapelle herab, um an den legendären Schneefall zu erinnern.

◆◆
BASILICA DI SAN PAOLO FUORI LE MURA
Via Ostiense
Vor dem Brand im Jahre 1823 war die größte Kirche Roms nach St. Peter seit ihrer Entstehung im 5. Jh. nur unwesentlich verändert worden. Wertvolle Fresken und Mosaiken dekorierten ihren Innenraum. In ihrer heutigen neoklassischen Form fehlt es ihr an Wärme und Ausstrahlung. Wenig ist von ihrem früheren Schmuck noch erhalten geblieben. Als Geschenke für den Wiederaufbau kamen u. a. Alabastersäulen aus Ägypten und Lapislazuli von Zar Nikolaus I. von Rußland. Die im 11. Jh. in Konstantinopel hergestellten Bronzetüren mit ihren reichen Silberintarsien hat das Feuer schwer beschädigt. Sie werden heute im Inneren der Kirche aufbewahrt. Bemerkenswert ist ein 5 m hoher mittelalterlicher Osterleuchter rechts vom Papstaltar. Der Kreuzgang aus dem 13. Jh., der vom Brand verschont wurde, ist in seiner Vielfalt an Säulen und Intarsien ein Meisterwerk der Kosmatenarbeit – einer der schönsten des Abendlandes.

SEHENSWÜRDIGKEITEN

◆◆◆
BASILICA DI SAN PIETRO (PETERSDOM)
Piazza di San Pietro
Für viele ist der Petersdom das Juwel in der Krone Roms. Nach jahrelangen Wiederaufbau- und Erweiterungsarbeiten an Konstantins ursprünglicher Kirche wurde das Gotteshaus – so wie man es heute sieht – im Jahre 1626 geweiht. Die Weihe der ersten Basilika über der Grabstätte des Apostels Petrus hatte im Jahre 326 stattgefunden. Im 16. Jh. war die Kirche allerdings baufällig geworden, und so beauftragte Julius II. 1506 den Architekten Bramante mit dem Neubeginn. Bramante entwarf einen Prachtbau in der Form eines griechischen Kreuzes, doch er starb, bevor er seinen Plan verwirklichen konnte. In der Folge wirkten mehrere Architekten an der Planung mit, unter ihnen auch der damals schon einundsiebzigjährige Michelangelo. Schließlich entschloß man sich, den Grundriß zur Form eines lateinischen Kreuzes abzuwandeln. Die von Carlo Maderno geschaffene Fassade stellt die schöne Kuppel, fast ausschließlich ein Werk Michelangelos, noch in den Schatten. Man betrachtet sie am besten von den Vatikanischen Gärten hinter dem Dom. Oberhalb von Berninis Säulengang auf dem Petersplatz befindet sich über dem Mittelportal die Loggia, von der aus der Papst den Segen „Urbi et Orbi" spendet. Vom Platz führt eine weite, von Bernini gestaltete Treppe zum Eingang der Kirche empor. Von den fünf Eingangsportalen ist das äußerste rechte, die „Porta Santa", nur während eines Heiligen Jahres geöffnet, also alle 25 Jahre. Allein für die Herstellung des mittleren Bronzeportals brauchte Antonio Filarete zwölf volle Jahre (1433–1445). Er verewigte sich auf der Rückseite, indem er sich und seine Helfer bei der Arbeit abbildete. Werfen Sie, bevor Sie das Innere betreten, noch einen Blick auf Giottos Mosaik der *Navicella* („Schiff im Sturm") über dem Hauptportal, das noch aus der alten Peterskirche stammt. Es zeigt Christus, wie er auf dem Wasser wandelt. Betritt man den Innenraum, ist man einfach überwältigt von der Größe und Würde. Hier gibt es so viel Gold, Marmor und Mosaikarbeiten, daß mancher Besucher sich eher erdrückt fühlt. Die runde Porphyrscheibe, die in den Boden in der Nähe des Eingangs eingelassen ist, stammt noch aus Alt-Sankt-Peter; auf ihr empfing Karl der Große in der Weihnachtsnacht des Jahres 800 die Kaiserkrone. Sucht man einen Vergleich mit anderen großen Kirchenbauten, findet man die Maße der größten Kirchen der Welt auf dem Boden des Mittelschiffs. Das berühmteste Kunstwerk des Doms enthält die *Cappella Palatina* unmittelbar rechts des Portals. Es ist Michelangelos *Pietà*, die er im Alter von 25 Jahren schuf, das einzige Werk, das er jemals signierte. Die Pietà ist heute durch kugelsicheres Glas geschützt. Auf dem Weg durchs Mittelschiff zum Papstaltar steht am vierten Pfeiler rechts die bronzene Statue des sitzenden *hl. Petrus*. Sie wird Arnolfo di Cambio (13. Jh.) zugeschrieben. Wie sehr die Pilger die Bronzestatue des Heiligen verehren, zeigt der durch Berührung blankgeriebene rechte Fuß des Apostels.

SEHENSWÜRDIGKEITEN

Petersdom und Via della Conciliazione bei Sonnenuntergang

Die barocke Innenausstattung geht zum großen Teil auf Bernini zurück, wie z.B. der 29 m hohe Bronzebaldachin über dem päpstlichen Altar, an dem der Künstler 10 Jahre arbeitete. Die dafür nötige Bronze ließ der Barberini-Papst Urban VIII. aus dem Säulengang des Pantheon entfernen. Er bestand darauf, daß die Bienen des Barberini-Wappens in die Stützsäulen eingearbeitet wurden. Bernini schuf auch die *Cattedra Petri*, den mit Bronze überzogenen elfenbeinverzierten Holzstuhl, auf dem der Apostel einst gesessen haben soll – es handelt sich aber um einen Thron Karls des Kahlen aus dem 9. Jh. Die Schatzkammer (**Museo Storico Artistico-Tesoro di San Pietro**) birgt eine reiche Sammlung von Reliquien, u. a. das Krönungsgewand Karls des Großen.

SEHENSWÜRDIGKEITEN

Berninis bronzener Altarhimmel ist das Prunkstück der barocken Innenausstattung

Die Vatikanischen Grotten (**Sacre Grotte Vaticane**) betritt man über eine Treppe in einem der Pfeiler vor dem Altar. In diesen Gewölben sind viele Päpste aus der Zeit der alten Peterskirche, aber auch die letzten vier Päpste dieses Jahrhunderts begraben.
Ausgrabungen unter der Peterskirche förderten in den 50er Jahren eine antike Totenstadt (Nekropole) zutage, die mindestens seit dem 1. Jh. n. Chr. benutzt wurde. Man fand heidnische und christliche Gräber, eines der christlichen gilt als die Grabstätte des Apostels Petrus.

Ein Augenzeuge beschrieb im Jahre 200 eine Grabkammer, die den Leichnam des Petrus beherbergte. Archäologen des Vatikans konnten die Existenz dieser Kammer bestätigen. Die bei den Grabungen entdeckten menschlichen Gebeine werden heute als die sterblichen Überreste des hl. Petrus betrachtet. Eine Besichtigung der Nekropole ist möglich, allerdings nur nach schriftlicher Voranmeldung beim Delegaten der Rev. da Fabrica di S. Pietro, Ufficio Scavi, Città del Vaticano, 00120. Bitte geben Sie an, welche Sprache Sie sprechen, wie lange Sie sich in Rom aufhalten und wo Sie erreichbar sind. Die Gräber sind auf jeden Fall sehenswert. Viele sind mit Fresken, Terrakotta- und Stuckreliefs aufwendig dekoriert. Die meisten entstanden in den Jahren 125 bis 200 als Grabstätten für wohlhabende Familien.
Zur Kuppel des Doms kann man mit dem Aufzug fahren. Hat man die restlichen 537 Stufen hinter sich gebracht, eröffnet sich einer der herrlichsten Ausblicke auf Rom.
🕒 Basilika 7–18 Uhr; Schatzkammer 8–13 und 15–18 Uhr (im Winter bis 17.30 Uhr) Eintrittsgebühr; Kuppel 8–17 (im Winter bis 17.30 Uhr); der Einlaß für Schatzkammer und Kuppel endet 1 Std. vor der Schließung.

◆
BASILICA DI S. SEBASTIANO
Via Appia Antica
Die erste Basilika an dieser Stelle wurde im 4. Jh. erbaut, doch erhielt sie ihren Namen und ihr heutiges Aussehen erst im Mittelalter, als Kardinal Scipione Borghese Flaminio Ponzio mit der Restaurierung beauftragte.

SEHENSWÜRDIGKEITEN

Giovanni Vasanzio, der Architekt der Villa Borghese, vollendete den Bau. Auch die geschnitzte Holzdecke ist sein Werk. Eine liegende Marmorfigur des hl. Sebastian (17. Jh.) sieht man auf der linken Seite in einer Kapelle über dem einstigen Grab des Märtyrers Sebastian. In einem Schrein in der gegenüberliegenden Kapelle ruht ein Stein, der angeblich die Fußabdrücke Christi trägt. Vom linken Kirchenschiff aus erreicht man die Sebastianskatakomben.

◆◆ CARACALLA-THERMEN
Via delle Terme di Caracalla
Die Thermen boten einst den größten Luxus in ganz Rom. Ihr Bau wurde 206 unter Kaiser Septimius Severus begonnen, doch erst unter seinem Sohn Caracalla eröffnet.
Die Anlage faßte mehr als 1500 Badegäste und empfing den Besucher mit ähnlichen Einrichtungen, wie wir sie heute als Saunen oder türkische Dampfbäder kennen. Hier wurde freilich nicht nur gebadet, sondern man konnte auch in Gartenanlagen, in einem Stadion, in Restaurants, Bibliotheken und Läden seinen Vergnügungen oder Geschäften nachgehen.
Der Gebäudekomplex war bis ins 6. Jh. in Betrieb, als die Goten die Aquädukte zerstörten und so die Wasserzufuhr unterbrachen.
Die Ruinen sind noch immer so gut erhalten, daß sie im Sommer als Freilichtbühne für Opernaufführungen dienen. Wenn es Ihnen möglich ist, sollten Sie versuchen, hier Karten für Verdis Aida zu ergattern. Die Bühne bietet Platz für Hunderte von Schauspielern samt Pferden und Kutschen.
🕐 Di–So 9–18 Uhr; Mo u. Fei 9–13 Uhr; Eintrittsgebühr

◆◆ DIOKLETIAN-THERMEN
Piazza della Repubblica
Die Thermen des Diokletian waren die größten in Rom. 298 unter Maximian begann man mit dem Bau, der sieben Jahre später unter Diokletian beendet wurde. Die marmorverkleideten Mauern umschlossen 13 ha Land (das sind ca. 18 Fußballplätze). Caldarium (Heißbad), Tepidarium (Warmbad) und Frigidarium (Kaltbad) boten über 3000 Menschen Platz. Wie in allen alten Badeanlagen waren Bibliotheken, Gymnastikräume, Gärten, Restaurants und eine unermeßliche Kunstsammlung

Der Diskuswerfer aus dem Palazzo Lancellotti im Museo Nationale Romano

SEHENSWÜRDIGKEITEN

Aphrodite, Göttin der Liebe, entsteigt den Wellen

angeschlossen. Daher paßt es gut, daß sich heute das Museo Nazionale Romano auf diesem Gelände befindet. Bevor Sie in das Museum gehen, sollten Sie einen Blick auf die Kirche **Santa Maria degli Angeli** werfen. Im Auftrag von Pius IV. baute Michelangelo 1561 die verfallende mittlere Halle des Tepidariums zu dieser Kirche um. Er bewies dabei viel Einfühlungsvermögen und Respekt für die Ruinen aus der Zeit der Antike. Sein Nachfolger Vanvitelli brachte im 18. Jh. allerdings die Hauptfassade ins Caldarium, machte aus dem bisherigen Hauptschiff ein gewaltiges Querschiff und verlängerte das ehemalige Querschiff zum heutigen Langhaus.

Das **Museo Nazionale Romano** (Thermenmuseum) wurde 1889 als Aufbewahrungsort für die antiken und besonders wertvollen Kunstschätze gegründet, die in Rom seit 1870 entdeckt worden waren. Die Sammlungen sind so umfangreich, daß viele Werke im Magazin verbleiben müssen.

Unter den Abteilungen ist besonders die im Jahre 1901 erworbene Ludovisi-Sammlung zu erwähnen. Ihr herausragendes Stück ist der *Ludovisische Thron*, ein griechisches Original aus dem 5. Jh. v. Chr. Eines seiner Reliefs zeigt Aphrodite, Göttin der Liebe, wie sie aus den Wellen geboren wird. Ein anderes Meisterwerk ist die *verwundete Niobide*, eine Plastik, die eine Tochter der Niobe darstellt, als sie versucht, einen Pfeil aus ihrem Rücken zu ziehen. Niobe, Mutter von 14 Kindern, verhöhnte der Sage nach einst Leto, die nur Apollo und Artemis geboren hatte. Zur Strafe für diesen Hochmut und als Rache für ihre Mutter tötete Artemis alle Kinder der Niobe. Die Skulptur der *Venus von Kyrene* ist vermutlich die Kopie einer griechischen Bronze der Zeit vor dem griechischen Bildhauer Praxiteles (?). Die Statue wurde 1913 nach einem Sturm in den Thermen von Kyrene entdeckt. Ein weiteres

SEHENSWÜRDIGKEITEN

wichtiges Werk ist *Das Mädchen von Anzio*, eine besonders schöne Statue, die 1878 ebenfalls nach einem Sturm entdeckt wurde, als die Flut Teile der Mauern des Palazzo von Anzio herausbrach. Wahrscheinlich stellt das Mädchen eine opfernde Priesterin dar. Der besondere Reiz der Statue aus dem 3. Jh. liegt sowohl in der Grazie und Würde ihrer Bewegung und ihres Blicks als auch in der Gestaltung ihres Kleides. Der *Apollo aus dem Tiber* wurde bei Regulierungsarbeiten am Tiber gefunden. Der *Diskuswerfer*, die besterhaltene Kopie des berühmten Diskuswerfers des griechischen Bildhauers Myron aus dem 2. Jh. dagegen stammt aus dem Palazzo Lancellotti.
Man kann viel über die Kunst der Innenarchitektur im antiken Rom lernen, wenn man im ersten Stockwerk des Museums die Rekonstruktion des Raumes aus der Villa der Kaiserin Livia besichtigt. Die Fresken aus dem 1. Jh. n. Chr. wurden 1863 in der Villa an der Via Flaminia entdeckt und mit für die damalige Zeit bemerkenswertem handwerklichen Geschick ins Nationalmuseum gebracht, um sie vor Feuchtigkeit zu bewahren.
◷ Di–So 9–14 Uhr; Fei 9–13 Uhr; Eintrittsgebühr

◆ **BORGO**
Dieses Viertel unmittelbar östlich des Petersdoms reicht bis zur breiten Durchgangsstraße Via della Conciliazione, deren Name auf die Aussöhnung zwischen dem Vatikan und dem italienischen Staat 1929 hinweist. Borgo ist noch heute stolz auf seine typisch mittelalterlichen Gassen. Geht man die Via della Conciliazione hinauf, so gibt es auf halbem Wege zwei Paläste, den **Palazzo Torlonia** und den **Palazzo dei Penitenzieri**. Der Palazzo Torlonia, zwischen 1496 und 1504 vom Architekten Andrea Bregno erbaut, war vor der Abspaltung der Anglikanischen Kirche Sitz der Botschaft Heinrichs VIII. am Heiligen Stuhl. Auf der gegenüberliegenden Straßenseite sieht man den Palazzo dei Penitenzieri, der im 15. Jh. für einen Kardinal erbaut wurde (heute Hotel „Columbus"). Am Borgo Santo Spirito erstreckt sich der Gebäudekomplex mit dem **Ospedale Santo Spirito** – ursprünglich ein Bauwerk aus dem 15. Jh., heute ein modernes Krankenhaus; der **Palazzo del Commendatore**, der Wohnsitz des Krankenhausdirektors, stammt aus dem 16. Jh.; die Kirche **Santo Spirito in Sassia** ist ein schönes Renaissance-Gebäude.

◆ **CAMPO DEI FIORI**
Auf diesem Platz, dessen Name wörtlich „Blumenfeld" bedeutet, findet vormittags ein pittoresker Markt statt, der keine Rückschlüsse mehr auf die düstere Vergangenheit des Ortes zuläßt; früher fanden hier Hinrichtungen statt. Hier wurde im Jahre 1600 Giordano Bruno als Ketzer verbrannt. An ihn erinnert eine Bronzestatue, an deren Fuß sich Medaillons großer Reformer befinden, die die Kirche ebenfalls als Irrlehrer einstufte: Miguel Servet, John Wiclif, Jan Hus, Erasmus von Rotterdam u. a.
◷ Markt tgl. außer sonntags

CAMPO MARZIO (MARSFELD) siehe S. 15.

SEHENSWÜRDIGKEITEN

◆◆
CAMPIDOGLIO (KAPITOL)
Piazza del Campidoglio
Der berühmteste der sieben Hügel Roms war in der Antike das Zentrum der politischen wie der religiösen Macht. Auf der Südkuppe stand der Tempel des Jupiter Capitolinus, wo der Senat jedes Jahr zu seiner ersten Sitzung zusammentrat. Alles, was von ihm noch verblieben ist, sind ein paar graue Steinblöcke, die einstmals das Podest bildeten. Sie fallen auf, wenn man vom Passagio del Muro Romano hierherkommt. Auf der Nordkuppe des Hügels lagen die Zitadelle und der Tempel der Juno Moneta, Patronin der benachbarten Münze. Der Platz, wie er sich heute darbietet, ist Ergebnis der Umgestaltung durch Michelangelo, und obwohl der Palazzo Senatorio immer noch das offizielle Rathaus von Rom ist, bildet er doch nicht mehr das Zentrum der Stadtpolitik, sondern hat eher musealen Charakter. Der Weg dorthin führt über die *Cordonata*, eine Rampentreppe, die einst von Michelangelo für den triumphalen Einzug Karls V. im Jahre 1536 entworfen wurde. Eigentlich sollte auf der Piazza del Campidoglio das antike Reiterstandbild Marc Aurels stehen, das man im Mittelalter für eine Darstellung des christlichen Kaisers Konstantin hielt und daher nicht zerstörte. Es wurde 1981 zu Restaurierungsarbeiten entfernt und wird in Zukunft wahrscheinlich durch einen Abguß ersetzt. Seit Abschluß der Restaurierung (1990) ist das Original in einem Sondersaal der Kapitolinischen Museen hinter Glas zu bewundern. Der **Palazzo dei Conservatori** und der

Die Piazza del Campidoglio wartet auf die Rückkehr der Reiterstatue Marc Aurels

Palazzo Nuovo bilden zusammen das **Museo Capitolino**, die älteste für das Publikum freigegebene Kunstsammlung der Welt. Sie wurde seit ihrer Gründung durch Sixtus IV. ständig durch Schenkungen erweitert. Die bekannteste Plastik ist die Bronze der *Kapitolinischen Wölfin*, eine etruskische Arbeit aus dem späten 6. Jh. v. Chr. Die Zwillinge Romulus und Remus wurden erst 1509 von Antonio da Pollaiolo hinzugefügt. Weitere Sehenswürdigkeiten sind eine Nachbildung des *Dornausziehers* und die berühmte *Kapitolinische Venus*. Im Hof lagern Überreste einer Kolossalstatue Kaiser Konstantins, die in der Basilika neben dem Forum gefunden wurden. Durch den Palazzo dei Conservatori

SEHENSWÜRDIGKEITEN

hat man Zugang zum **Museo Nuovo,** untergebracht im **Palazzo Caffarelli,** der früher der Sitz der Preußischen und bis 1915 der Deutschen Botschaft war. Das Museo Nuovo enthält viele der ältesten Stücke der Sammlung, so eine Kolossalstatue der Athene, die nach einem Original des 5. Jh.s v. Chr. entstanden ist. In der **Pinacoteca Capitolina** zeigt das Museum auch viele herausragende Gemälde, u. a. die *Taufe Christi* (ein früher Tizian), Rubens' Version von *Romulus und Remus, die von der Wölfin gesäugt werden* und van Dycks *Doppelporträt der Maler Lucas und Cornelius de Wael.* In weiteren Räumen sind der *Raub der Sabinerinnen* und andere Gemälde Pietros da Cortona zu sehen.
🕒 Di, Mi, Do, Fr, So 9–13.30 und 17–20 Uhr, Sa 20–23 Uhr, Mo geschl.; Eintrittsgebühr (kostenlos letzter So des Monats).

◆◆
CASTEL SANT'ANGELO (ENGELSBURG)
Lungotevere Castello
Vom ursprünglichen Bauwerk ist nur noch der Rundwall erhalten. Der Bau wurde um 130 als Mausoleum für Kaiser Hadrian und seine Nachfolger begonnen, aber erst ein Jahr nach Hadrians Tod 139 vollendet. Eine spiralförmige Rampe im Inneren führt hinab zum Kaisergrab, wo früher vermutlich die Urnen mit der Asche der Kaiser von Hadrian bis Septimius Severus aufbewahrt wurden. Nach Caracallas Tod, Anfang des 3. Jh.s, baute man die Burg zu einem befestigten Brückenkopf um. Ihr Name geht auf eine Vision zurück, die Papst Gregor d. Gr. 590 während einer feierlichen Bittprozession zum Petersdom hatte. Er sah einen Engel, der über der Zitadelle das Schwert in die Scheide steckte und damit das Ende der Pest anzeigte. Unverzüglich wurde dort eine Kapelle erbaut. Die Bronzestatue des hl. Michael kam allerdings erst 1753 hinzu. Im 9. Jh. umgab Leo IV. Borgo und Vatikan mit Mauern, und die Engelsburg diente nun als Wohnfestung der Päpste. Im 15. Jh. ließ Alexander IV. einen überdachten Fußweg zwischen dem Castel und dem Vatikan bauen, und beim Fall Roms 1527 gelang es Clemens VII., auf genau diesem Wege, den Soldaten Karls V. zu entkommen. Im 16. Jh. entstand unter Paul III. die Innendekoration, und eine Engelsfigur Raffaellos da Montelupo krönte fortan die Spitze. Sie befindet sich heute im Cortile dell'Angelo.
Seit der Renaissance diente die Burg neben ihrer Funktion als

SEHENSWÜRDIGKEITEN

Papstwohnung viele Jahre lang als Gefängnis, für Gefangene wie Cellini, Giordano Bruno und Cagliostro. 1933 wurde sie dann als **Museo Nazionale Militare e di Arte** eröffnet. Vier Stockwerke können besucht werden, darunter auch die päpstlichen Gemächer. Im ehemaligen Gefängnistrakt gibt es zudem eine außergewöhnliche Ausstellung von Waffen und Rüstungen. Die Kapelle Leos X. ist verschlossen, doch lohnt es sich, einen Blick auf ihre Fassade zu werfen, eines der weniger bekannten Werke Michelangelos. Die angrenzende Sala dell'Apollo und die Sala della Giustizia sind mit Fresken und Grotesken Perins del Vaga ausgemalt – hervorzuheben ist der *Engel der Gerechtigkeit*. Die Sala di Clemente VII. ziert ein Triptychon Taddeo Gaddis. Die wertvoll möblierten päpstlichen Gemächer im 3. Stock sind reich geschmückt mit Fresken zu mythologischen Themen von Perin del Vaga und seinen Schülern. Die Loggia Pauls III. im dritten Stockwerk wurde von Raffaello da Montelupo und Antonio Sangallo d. J. mit Stuck und Grotesken gestaltet. Sie führt zur offenen Galerie Pius' IV., dem „Giretto"; von hier aus genießt man einen fabelhaften Blick auf Rom. Von der Loggia Julius' II., einem

Einst als Hadrians Mausoleum gebaut – Castel Sant'Angelo

SEHENSWÜRDIGKEITEN

Werk Bramantes, sieht man den Ponte Sant'Angelo und ein schönes Panorama vom Quirinal bis zum Gianicolo.
Von der Spitze der Zitadelle aus hat man ebenfalls einen wunderbaren Ausblick in alle Himmelsrichtungen, besonders aber auf den Petersdom.
🕒 Mo 14–19.30 Uhr; Di–Sa 9–14 Uhr; So u. Fei 9–13 Uhr; Eintrittsgebühr

◆◆
CATACOMBE (KATAKOMBEN)
Niemand weiß, welche Länge die unterirdischen Gänge an der **Via Appia Antica** wirklich haben, doch eine Schätzung beläuft sich auf ca. 800 km. Die Katakomben dienten den heidnischen Römern und später den Christen als Grabstätten. Eines der bekanntesten Gräber aus frühchristlicher Zeit sind die **Catacombe di San Callisto** (Calixtus-Katakomben) in der Via Appia Antica, die zu den größten Roms gehören.
Unter einem Areal von 400 x 300 m bestehen sie aus vier Stockwerken und enthalten Tausende christlicher Gräber aus dem 3. und 4. Jh.; bei einer Führung bekommt man natürlich nur einen kleinen Teil davon zu sehen. Die regalartigen Grabnischen werden „Loculi" (Wandnischen) genannt. An manchen Stellen gibt es davon beiderseits des Ganges bis zu zwölf auf einer Etage. „Cubicula" (Kammern) sind als Familiengräber in den Fels geschlagen worden.
In den sogenannten Sakramentskapellen haben sich Fresken erhalten, die den frühchristlichen Stil, noch stark heidnisch beeinflußt, zeigen. In der Krypta der Päpste stehen die Grabsteine von fünf Päpsten aus den Jahren 230 bis 283. Damit verbunden ist das Grab der hl. Cäcilia, wo die junge Märtyrerin im Jahre 230 beerdigt worden sein soll. Bei einem Rundgang wird der Führer auch auf einige Wandbeschriftungen eingehen. Es sind Zeichen und Symbole christlichen Glaubens, griechische Inschriften und primitive Zeichnungen.
🕒 täglich außer Mi 8.30–12 Uhr, 14.30–17 Uhr; Eintrittsgebühr.
Nicht weit von hier entfernt, ebenfalls an der Via Appia Antica, liegen die Katakomben des hl. Sebastian (**Catacombe di San Sebastiano**). Der Eingang

SEHENSWÜRDIGKEITEN

Folgen Sie den Spuren des alten Rom entlang der Via Appia Antica

befindet sich rechts der Basilica di San Sebastiano.
Auch diese Katakomben sind vierstöckig angelegt. Sie waren die einzigen christlichen Grabstätten, die während des gesamten Mittelalters als Wallfahrtsort besucht wurden. Während der Christenverfolgung unter Valerian im Jahr 258 hat man hier angeblich die Leichname der Heiligen Petrus und Paulus für vierzig Jahre versteckt. Erst später fand auch der hl. Sebastian hier seine letzte Ruhe.
🕓 täglich außer Do 9–12 Uhr und 14.30–17 Uhr; Eintrittsgebühr.

In der Nähe liegen noch die **Catacombe di Santa Domitilla**, die nach einer Angehörigen des flavischen Kaiserhauses benannt wurden, und das Grab der Caecilia Metella (**Tomba di Cecilia Metella**), ein Rundbau mit einem Fries aus Stierschädeln und Girlanden.
Wenn Sie Zeit und Interesse haben, dann lohnt sich auch ein Besuch in den **Catacombe di Priscilla**. Um dort Zutritt zu erhalten, müssen Sie an die Klosterpforte der Via Salaria 430 klopfen. Die Benediktinerinnen führen Sie durch die Katakomben. Unter den Themen frühchristlicher Malerei finden Sie u. a. die älteste bekannte Madonnendarstellung *Maria mit dem Kind und dem Propheten Isaias* und die Darstellung des *Brotbrechens (Fractio Panis) beim Letzten Abendmahl*, die beide auf das 2. Jh. zurückgehen.
🕓 täglich außer Mo 8.30–12 u. 14.30–17 Uhr; Eintrittsgebühr.

◆
CIRCUS MAXIMUS
Via del Circo Massimo
Hier fanden die berühmten Wagenrennen statt, die manchmal bis zu 15 Tage dauerten. Die Runden wurden gezählt, indem man auf der „Spina", der mittleren Trennwand, große Holzeier bewegte. Sieger und Besiegte feierten bzw. trösteten sich in den umliegenden Läden und Tavernen. In späterer Zeit war die Arena Schauplatz barbarischer, blutrünstiger Ausschweifungen. Wassergräben trennten dann die Zuschauermengen von den wilden Tieren, die man zu Tausenden abschlachtete. Der Circus wurde zum Prototyp für alle Rennstrecken der Anti-

SEHENSWÜRDIGKEITEN

ke. Die ersten Spiele wurden hier wahrscheinlich im 2. Jh. v. Chr. abgehalten, die letzten veranstaltete der Ostgotenkönig Totila im Jahre 549. Nicht viel ist vom Circus Maximus verblieben – ein Park, dessen Pflanzen und Bäume den Grundriß der Anlage nachzeichnen, ein Beet, das den Ort der „Spina" markiert und einige Ruinen von Stufen und Treppen.

◆◆◆ COLOSSEO (KOLOSSEUM)
Piazza del Colosseo
Dieses geniale Meisterwerk der Technik und Architektur ist für viele *das* Wahrzeichen der Stadt Rom seit seiner Erbauung. Erstaunlicherweise wurde das Amphitheater auf sumpfigem Gelände errichtet und hatte ursprünglich einen Umfang von 500 m. Hier kämpften Gladiatoren auf Leben und Tod und wilde Tiere wurden aufeinander losgelassen. Daß auch Christen umkamen, ist nicht belegbar. Bei der Tausendjahrfeier Roms im Jahre 249 n. Chr. wurden u. a. 32 Elefanten, 60 Löwen, 10 Giraffen und 6 Nilpferde niedergemetzelt. In der Travertinellipse mit einem Umfang von 527 m fanden über 50 000 Zuschauer Platz und verfolgten im Schatten einer Segeltuchmarkise das oft tagelange Spektakel. In der kaiserlichen Lotterie konnten sie sogar einen Sklaven als Preis gewinnen. Das Kolosseum war nicht nur Schauplatz kostenloser, wenn auch grausamer Unterhaltung für die Massen, sondern es diente im Laufe der Zeit auch als Festung, Stierkampfarena und sogar als Standort einer Pulverfabrik. Im Mittelalter und in der Renaissance benutzten es Roms Bauherren als Steinbruch. Von der oberen Etage des Kolosseums aus hat man einen herrlichen Ausblick auf das Forum. Das kleine Museum vermittelt eine optische Vorstellung von der Sitzanordnung und von der Organisation „sportlicher" Großereignisse.
🕘 9–19 Uhr, Mi u. Fei bis 13 Uhr; im Winter täglich bis 16 Uhr. Eintrittsgebühr für das obere Stockwerk.

◆ ESQUILIN
Auf einer der drei Kuppen des antiken Hügels Mons Oppius standen Neros Domus Aurea, sein Kaiserpalast, und die Trajansthermen. Das Gelände ist heute zum großen Teil ein öffentlicher Park. Eine zweite Kuppe, der Cispius, wird vom Bau der Basilika Santa Maria Maggiore beherrscht.

◆ FONTANA DELLE API (BIENENBRUNNEN)
Piazza Barberini
An der Ecke der Via Vittorio Veneto steht einer von Berninis wunderbaren Brunnen, auch wenn er nicht ganz so auffällt wie viele andere in der Stadt. Er wurde 1644 erbaut, als Papst Urban VIII. aus der Familie Barberini fast 21 Jahre im Amt war, und sollte den bevorstehenden Jahrestag feiern. Die abergläubischen Römer entfernten zwar noch die letzte Ziffer der römischen Zahl XXII, doch kamen sie zu spät. Urban starb acht Tage, bevor sein 22. Regierungsjahr begonnen hätte. Der Brunnen ergießt sein Wasser in eine Muschelschale, und es scheint, als würden die heraldischen Bienen der Familie Barberini davon trinken.

SEHENSWÜRDIGKEITEN

◆
FONTANA DELL'ACQUA PAOLA
Via Garibaldi
Der Brunnen wurde 1612 von Flaminio Ponzio und Giovanni Fontana für Papst Paul V. erbaut. Er sollte die Wiederherstellung eines Aquädukts feiern, das die Stadt mit Wasser versorgte. Die Bausubstanz besteht aus Marmor und Steinen vom Minervatempel auf dem Forum des Nerva. Das sprudelnde und sprühende Wasser bildet den Hintergrund für eine ungewöhnliche Stadtansicht.

◆
FONTANA DELLA BARCACCIA (BARKENBRUNNEN)
Piazza di Spagna
Diese Arbeit von Pietro Bernini, dem Vater von Gian Lorenzo Bernini, ist eines der ältesten Bauwerke auf dem Platz. Die Konstruktion des Brunnens macht sich den niedrigen Druck des von der Quelle Acqua Vergine über das gleichnamige Aquädukt herbeigeführten Wassers zunutze. Der Brunnen hat die Gestalt eines Bootes, das förmlich in das niedrige Wasser sinkt und es dann stoßweise an Heck und Bug ausspeit. Angeblich soll eine Überschwemmung des Tibers ein verlassenes Boot an genau diese Stelle getragen haben.

◆◆
FONTANA DEI FIUMI (VIERSTRÖMEBRUNNEN)
Piazza Navona
Mit seinem berühmten Brunnen erwarb sich Gian Lorenzo Bernini die Gunst seines Auftraggebers Papst Innozenz' X., der ihm vorher feindlich gesonnen war. Das Bauwerk wurde im Jahre 1651 enthüllt. Die vier Brunnenstatuen personifizieren die Flüsse Nil, Ganges, Donau und den Rio de la Plata als Symbole der damals bekannten Erdteile. Die Statue des Nil verhüllt ihr Gesicht. Sie spielt damit nicht nur auf den zur damaligen Zeit unbekannten Ursprung des Flusses an, sondern will sich auch den Blick auf die von Borromini, dem Erzrivalen Berninis, gestaltete Fassade der Kirche Sant'Agnese ersparen. Der Rio de la Plata scheint mit seiner erhobenen Hand den Einsturz der Kirche verhindern zu wollen. Nach Berninis Entwurf wurde auch die Statue in der Mitte der **Fontana del Moro** am südlichen Rand der Piazza ausgeführt. Sie verkörpert Äthiopien, das mit einem Delphin kämpft, und gab dem Brunnen den Namen.

◆◆
FONTANA DI TREVI (TREVIBRUNNEN)
Piazza di Trevi
Roms bekanntester und größter Brunnen versteckt sich zwischen kleinen Nebenstraßen. Der ausladende Bau muß sich in eine relativ kleine Fläche einfügen. Wie bei der Fontana della Barcaccia wird das Wasser über ein Aquädukt (Acqua Vergine) zugeleitet, das ursprünglich Agrippina im Jahre 19 v. Chr. anlegen ließ. Der Brunnen wurde 1762 vollendet und war das Meisterwerk Nicola Salvis', nachdem ein Entwurf Berninis aus der Zeit Urbans VIII. unausgeführt blieb. In der phantastisch gestalteten Wasserlandschaft wird der Gott Okeanos auf einem Muschelwagen von geflügelten Pferden mit Fischschwänzen gezogen, die inmit-

SEHENSWÜRDIGKEITEN

Wenn Sie nach Rom zurückkehren wollen, werfen Sie eine Münze in die Fontana di Trevi

ten der Wasserkaskaden aus dem Fels heraustreten. Seinen Namen verdankt er möglicherweise den drei Straßen, die sich hier treffen. Obwohl der Trevibrunnen – in der Nähe der Kreuzung von Corso und Via del Tritone – nicht leicht zu finden ist, lohnt sich die Suche. Und vergessen Sie nicht, eine Münze hineinzuwerfen!

◆
FONTANA DEL TRITONE (TRITONENBRUNNEN)
Piazza Barberini
Der 1642/43 enstandene Brunnen aus Travertin ist Berninis erster freistehender, vollplastischer Entwurf. Vier Delphine, die das Barberiniwappen mit den drei Bienen tragen, halten zwischen den Schwänzen eine geöffnete Muschel; darüber bläst ein kniender Triton aus einer spiralförmigen Meeresschnecke den Wasserstrahl in die Luft.

SEHENSWÜRDIGKEITEN

◆◆◆
FORUM ROMANUM
Via dei Fori Imperiali
Der Zusatz „Romanum" (römisch) unterscheidet dieses Forum von den späteren Kaiserforen. Um 575 v. Chr. wurde das Sumpfgelände zwischen Kapitol, Palatin und Esquilin durch den Bau der Cloaca Maxima trockengelegt, und das Forum konnte zum politischen, religiösen und wirtschaftlichen Zentrum der römischen Republik aufsteigen. Durch einen Blick von der Terrasse in der Via del Campidoglio sollte man sich zunächst einen Eindruck von der gesamten Anlage verschaffen und sich dabei vor Augen halten, daß das Forum sich über Jahrhunderte allmählich entwickelte. Wenn Sie heute die Anlage betreten, kommen Sie rechts an den Überresten der **Basilika Aemilia** vorbei, im 2. Jh. eine Halle für Geldwechsler. Sie wurde vermutlich bei der Plünderung Roms durch den Westgoten Alarich im Jahre 410 zerstört. Über das **Argiletum**, die Reste eines gepflasterten Weges erreicht man das **Comitium**, einen kleinen Platz, wo die Volksversammlungen stattfanden, bis Caesar sie auf das Marsfeld verlegte. Das noch gut erhaltene Gebäude aus rotem Backstein war das Senatsgebäude, die **Kurie** aus der Zeit Diokletians. Der Platz wird beherrscht vom **Triumphbogen des Septimius Severus** aus dem Jahr 203. Links des Bogens stehen die noch verbliebenen Granitsäulen der Vorhalle des **Saturntempels**. Der Name „Saturn" hat den gleichen Stamm wie

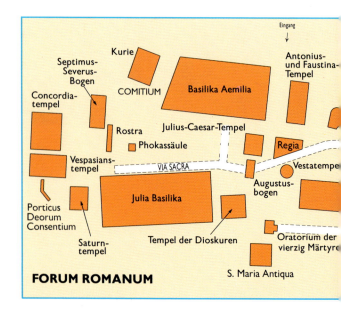

FORUM ROMANUM

SEHENSWÜRDIGKEITEN

das Wort „säen". Die Römer glaubten, dieser Gott habe sie die Landwirtschaft gelehrt und sei deshalb für ihren Wohlstand verantwortlich. Deshalb bewahrte man in diesem Tempel auch den Staatsschatz und feierte im Dezember die „Saturnalien", ein Fest zu Ehren des Saturn, das im Christentum durch das Weihnachtsfest ersetzt wurde. An den Säulen des Saturntempels biegt man links in die **Via Sacra** (Heiliger Weg) ein. Sie führt zum eigentlichen Forum, das zur Zeit der Republik das Herz des Staatslebens war. Dort fanden religiöse Feiern, Opferfeste, Wahlen und wichtige Beerdigungen statt. Julius Caesar nahm einige bauliche Veränderungen vor; unter anderem ließ er die Rednertribüne *(Rostra)* vom Comitium hierher verlegen, wo Mark Anton seine leidenschaftliche Rede nach der Ermordung Caesars hielt. Caesar begann auch den Bau der **Juliabasilika** rechts der Via Sacra, den Augustus im Jahre 12 vollendete. Von diesem enorm großen Gerichtsgebäude ist heute nur noch der Grundriß erkennbar. Die große **Phokassäule** wurde erst im Jahre 608 zu Ehren des byzantinischen Kaisers Phokas errichtet, der Papst Bonifaz IV. das Pantheon übereignet hatte. Augustus war auch der Bauherr des **Caesartempels**; auf seine Überreste stößt man ein Stück weiter. Nach Caesars Vergöttlichung im Jahre 29 v. Chr. erbaute man diesen Tempel direkt über seiner Verbrennungsstätte. Rechts vom Tempel des Caesar steht man drei schönen korinthischen

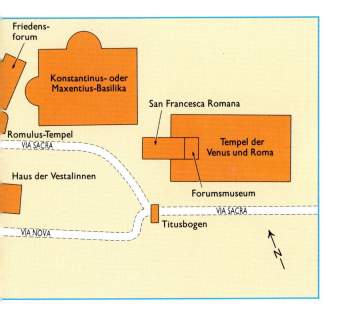

SEHENSWÜRDIGKEITEN

Säulen gegenüber. Sie gehörten zu dem 484 v. Chr. erbauten **Tempel der Dioskuren**. Er wurde den göttlichen Zwillingen Castor und Pollux, den Brüdern der Helena von Troja, geweiht, aus Dank für ihr Eingreifen in der Schlacht am Regillussee. Aus dem Kampf ging Rom als Sieger hervor und zerstörte damit jegliche Hoffnung auf ein Wiedererstarken der tarquinischen Dynastie in Rom. Der Legende nach wurden die beiden Brüder erstmals gesehen, als sie ihre weißen Rösser am Lacus Juturnae tränkten, einem viereckigen Becken gegenüber den Säulen. In der Antike traf man sich an diesem Ort zum Plaudern.

Folgt man der Via Sacra in östlicher Richtung, gelangt man zu den Ruinen eines weißen Marmorrundtempels, des **Vestatempels**, und zum **Haus der Vestalinnen**. Hauptaufgabe der Vestalinnen war es, das Tempelfeuer zu hüten, denn es symbolisierte das Fortbestehen des Staates. Das Erlöschen des Feuers bedeutete eine nationale Katastrophe und zog die Bestrafung durch den Pontifex Maximus, den höchsten römischen Priester, nach sich. Die **Regia**, die Residenz des Pontifex Maximus, stand ganz in der Nähe. Ihre Grundmauern sind noch erhalten. Die Vestalinnen führten ein einfaches klösterliches Leben. Wenn sie während ihres 30jährigen Dienstes, zu dem sie schon als Kinder bestimmt wurden, ihr Keuschheitsgelübde brachen, wurden sie bei lebendigem Leibe begraben. Sie übten politisch großen Einfluß aus, und bei ihrer „Pensionierung" erhielten sie vom Staat eine großzügige Mitgift. Solange

Die gewaltigen Ruinen der Konstantins-Basilika im Forum Romanum

das Forum Romanum bestand, gab es auch einen Vestatempel. Die heutigen Überreste sind Fragmente des Tempels, der 191 nach einem Brand wiederaufgebaut wurde. Links vom Haus der Vestalinnen, jenseits der Via Sacra, liegt der **Tempel des Romulus**, ein großartiger Rundtempel mit Porphyr-Säulen und den Originalbronzetüren. Romulus, Sohn des Maxentius, starb 309 als Knabe und wurde als Gott verehrt.

Das riesige Gebäude aus Backstein und Beton ist die **Konstantins-** oder **Maxentius-Basilika**.

SEHENSWÜRDIGKEITEN

Kaiser Maxentius begann den Bau, der nachfolgende Kaiser Konstantin vollendete ihn.
Die Via Sacra führt ganz nahe an der Kirche **Santa Maria Nova** vorbei. Sie birgt ein hübsches Mosaik aus dem 12. Jh., Madonna mit Kind und den Heiligen Petrus und Andreas. Gehen Sie von hier aus weiter zum Titusbogen (**Arco di Tito**). Der Triumphbogen wurde im Jahr 81 zur Erinnerung an die Eroberung Jerusalems im Jahr 70 gebaut. Plastische Gestaltung und räumliche Wirkung zeichnen die Reliefs aus – ein Meisterwerk römischer Kunst.
🕐 täglich 9–18, Di, So 9-13 Uhr (im Winter bis 15 Uhr); Eintrittsgebühr.

◆◆
FORI IMPERIALI (KAISERFOREN)
Via dei Fori Imperiali
Aus Eitelkeit und Ruhmsucht wollten fast alle römischen Kaiser den künftigen Generationen Zeugnisse ihres Reichtums und ihrer Macht hinterlassen. Viele bauten eigene Foren nordwestlich des Forum Romanum. Sie sind heute durch Mussolinis Triumphstraße, die Via dei Fori Imperiali geteilt. Das **Forum des Augustus** (Eingang Ecke Piazza del Grillo/Via di Tor dei Conti) ist an der großen Brandmauer zu erkennen, die es von dem etwas verrufenen Viertel Suburra trennte. Dort stehen gerade noch drei vollständige korinthische Säulen des **Tempels des Mars Ultor** (Tempel des Rächenden Mars). Augustus ließ ihn zum Gedenken an seinen Sieg über Brutus und Cassius in der Schlacht bei Philippi (42 v. Chr.) errichten. Westlich grenzt die **Casa dei Cavalieri di Rodi** (Haus der Rhodeser- oder Malteserritter) an, eines der wenigen übriggebliebenen Beispiele der römischen Frührenaissance. Von der Loggia aus hat man einen Ausblick auf alle Kaiserforen.
Der Weg durch das Atrium führt ins **Antiquarium del Foro di Augusto**, unter dessen Skulpturen sich ein besonders schöner Jupiterkopf befindet. In südöstlicher Richtung schloß sich das **Forum des Nerva** an. Heute ist es mit modernen Straßen und Häusern überbaut, aber zwei korinthische Säulen mit einem Relieffries blieben erhalten, während der Minervatempel zu Anfang des 17. Jh.s auf Veranlassung von Papst Paul V. abgetragen wurde.

SEHENSWÜRDIGKEITEN

Durch das untere Stockwerk des Trajansmarktes (s. S. 49) oder vom Forum des Augustus aus gelangt man zum **Forum des Trajan**, das zu seiner Zeit zu den Weltwundern gehörte. Heute hat man Mühe, sich die frühere Pracht vorzustellen. Es gibt kaum noch Hinweise auf die großartigen Bibliotheken und den Trajanstempel, die einst hier standen. Zumindest ein Monument ist aber von Zerstörung verschont geblieben, die berühmte **Trajanssäule**. Sie wurde im Jahre 113 aus Anlaß des Sieges Kaiser Trajans über die Daker gebaut. Ein fast 200 m langes Reliefband mit 2 500 Figuren windet sich um die 38 m hohe Säule. Ursprünglich barg eine vergoldete Urne im Sockel die Asche des Kaisers, und auf der Spitze der von innen begehbaren Säule erhob sich ein vergoldetes Standbild. 1587 wurde es durch eine Statue des hl. Petrus ersetzt.

◆
GIANICOLO (JANICULUS)
Nahe der Porta San Pancrazio
Wenn Sie am Garibaldidenkmal vorbeigehen, eröffnet sich im Osten ein herrlicher Ausblick über die Altstadt. Giuseppe Garibaldi war einer der Vorkämpfer für die Freiheit des modernen Italiens. Während der kurzlebigen 1849er Republik verteidigte er Rom erfolglos gegen die Franzosen. Die Entscheidungsschlacht fand auf dem Gianicolo statt, und als Italien 1870 geeint wurde, legte man hier einen Park an. Das Reiterstandbild Garibaldis stammt aus dem Jahre 1895. Der Hügel, der nicht zu den ursprünglichen sieben Hügeln gehört, verdankt seinen Namen dem Gott Janus.

◆◆
ISOLA TIBERINA (TIBERINSEL)
Die Insel liegt mitten im Fluß und ist durch zwei Brücken mit den Ufern verbunden. Sie führen von Trastevere auf der rechten Tiberseite zum gegenüberliegenden Ufer (Lungotevere dei Cenci). Auf der Insel wurde um 200 v. Chr. der Kult des Gottes der Heilkünste, Aeskulap, gepflegt. Die Kirche des hl. Bartholomäus (s. S. 61) liegt möglicherweise an derselben Stelle, an der sich früher der Tempel des Aeskulap erhob, den man im Jahre 291 v. Chr. aus Dankbarkeit für das Ende der Pest errichtet hatte. Die Kranken hofften hier auf Genesung, und diese Tradition setzte sich auch im Mittelalter fort, als der Tempel in eine Kirche umgewandelt wurde. Noch heute befindet sich das „Ospedale dei Fatebenefratelli" (Hospital der Barmherzigen Brüder) auf der Tiberinsel.

◆
KEATS-SHELLEY-HAUS
Piazza di Spagna 26
Der englische Lyriker John Keats, ein frühverstorbener Romantiker und sein Freund Joseph Severn wohnten in diesem kleinen Haus rechts der Spanischen Treppe (s. S. 52). Hier starb Keats 1821 im Alter von 25 Jahren. Eine Totenmaske erinnert an ihn. Das Haus ist heute eine Arbeitsbibliothek für die Keats- und Shelleyforschung. Keats und Shelley, die Italien mit romantischer Hingabe liebten, sind beide auf dem Protestantischen Friedhof bei der Cestiuspyramide beigesetzt.
🕒 Mo–Fr, So 9–13 u. 15.30–18.30 Uhr; Sa u. Fei geschl.; Eintrittsgebühr.

SEHENSWÜRDIGKEITEN

Das Keats-Shelley-Haus an der Piazza di Spagna

◆◆
MERCATI TRAIANEI (TRAJANSMARKT)
Eingang in der Via IV Novembre
Dieses noch gut erhaltene Einkaufszentrum der Antike gehörte zum Trajansforum. Früher konnte man auf zwei Stockwerken in das Gebäude gelangen, heute geht man durch eine gewölbte Halle (die Aula) hinein; eine Kette von kleinen Läden auf beiden Seiten bot Spezereien wie Gewürze und kostbare Öle feil.
Am anderen Ende der Halle führt eine Treppe zur Via Biberatica. Der Name ist eine mittelalterliche Verballhornung des Wortes *Pipera* (Pfeffer), von dem diese Straße der Gewürzhändler ihren Namen bezog. Im Halbrund des Trajansmarktes gab es Läden auf drei Etagen, die durch breite Treppenanlagen verbunden waren. In der Mitte einiger Läden können Sie noch ein Loch erkennen, das auf den Verkauf von Öl oder Wein hindeutet. Man stellte ein Gefäß hinein, um die beim Abmessen überlaufende Flüssigkeit aufzufangen.
🕐 Di–Sa 9–14 Uhr; Di, Do, Sa auch 16–19 Uhr; So 9–13 Uhr; Eintrittsgebühr.

◆◆
MONUMENTO VITTORIO EMANUELE II
Piazza Venezia
Die Römer nannten das Denkmal einen „Hochzeitskuchen", und die riesige Masse von Brescia-Marmor hat tatsächlich Ähnlichkeit mit einer Buttercremetorte. Das Monument wurde von Giuseppe Sacconi zur Feier der Vereinigung Italiens erbaut und im Jahre 1911 feierlich eingeweiht.

SEHENSWÜRDIGKEITEN

Nach dem Ersten Weltkrieg wurde zusätzlich das „Grab des Unbekannten Soldaten" auf dem „Altare della Patria" zu Füßen der Statue der „Roma" angelegt. Der schneeweiße Stein harmoniert nicht mit dem warm leuchtenden Travertin, der sonst das Gesicht Roms prägt, doch hat man von dort einen wunderbaren Ausblick über die Stadt.

◆◆ PALATIN
Zugang durch das Forum Romanum

Der Palatin ist einer der sieben Ursprungshügel und wird als „Wiege der römischen Zivilisation" bezeichnet. Er ist von historischer Bedeutung, doch ein Streifzug durch dieses fast ländliche Gebiet lohnt sich auch dann, wenn man sich nicht für klassische Ruinen interessiert. Glaubt man der Überlieferung, so wurden Romulus und Remus hier von der Wölfin gesäugt, und hier wurden 753 v. Chr. auch die ersten Stadtgrenzen festgelegt.

Zu den baulichen Überresten aus der Vergangenheit gehört das **Haus der Livia**, möglicherweise hat aber Augustus selbst hier gelebt. Auch Tiberius baute eine kaiserliche Residenz auf dem Palatin, die **Domus Tiberiana**. Sie lag am Clivus Victoriae und ist heute unter den **Farnesischen Gärten** verborgen. Der Park wurde in der ersten Hälfte des 16. Jh.s von Vignola für Alexander Farnese, den Neffen Papst Pauls III., angelegt und gilt als erster botanischer Garten Europas. Heute ist nur noch ein Bruchteil erhalten. Auf der Ostseite, direkt nördlich vom Haus der Livia, sind Reste von Neros berühmtem Kryptoportikus zu sehen, einem mit Stuckarbeiten verzierten gewölbten Gang, der die Räume der verschiedenen Kaiserpaläste verband. Rechts von seiner Mündung führt eine kleine Treppe hoch zum Zentrum des Palatin, wo sich die Ruinen der **Domus Flavia** ausdehnen, des Flavierpalasts, der von Domitians Baumeister Rabirius errichtet wurde. Der Komplex umfaßte die offizielle Residenz des Kaisers, die Privatgemächer und ein Stadion. Die Privatwohnung des Kaisers, die **Domus Augustana**, verschwand im Laufe der Zeit fast völlig, und der Zugang zum imposantesten Relikt, dem Stadion, ist aus Sicherheitsgründen gesperrt.

Die besterhaltene Ruine auf dem Palatin ist die **Domus Severiana** (Palast des Septimius Severus), zu der auch die Thermen gehören, die Kaiser Maxentius wiederaufgebaut hat. Man muß sie durchqueren, um zur Aussichtsterrasse zu gelangen, von der aus sich ein Panoramablick auf den gesamten Hügel bietet.

🕒 9–18 Uhr; Di, So 9–13 Uhr (im Winter bis 15 Uhr); Zutritt ist nur in Verbindung mit dem Besuch des Forum Romanum möglich. Eintrittsgebühr.

◆◆◆ PANTHEON
Piazza della Rotonda

Von allen Baudenkmälern der römischen Antike ist der in seiner heutigen Form von Hadrian (117–138) errichtete „Tempel aller Götter" am besten erhalten. Mit seinen riesigen Säulen und der gewaltigen Kuppel strahlt das Bauwerk besonders bei nächtlicher Flutlichtbeleuchtung

SEHENSWÜRDIGKEITEN

Faszination aus. Den ursprünglichen Tempel, den Marcus Agrippa 27 v. Chr. errichten ließ, vernichtete ein Feuer; nur noch die große Inschrift im Giebeldreieck, die Hadrian nach dem Brand so beließ, weist auf den Vorgängerbau hin. Das Pantheon wurde Papst Bonifaz IV. im Jahre 608 vom byzantinischen Kaiser Phokas als Geschenk übergeben und später in die christliche Kirche Santa Maria ad Martyres umgewandelt. Dieser Umstand bewahrte den Tempel vor der Zerstörung, die so viele andere antike Gebäude traf. Auf Geheiß des Papstes wurden Wagenladungen von Gebeinen christlicher Märtyrer aus den Katakomben hierher gebracht und neu beerdigt.

Das Pantheon überstand die Zeiten nicht ohne Schaden, denn spätere Päpste und Kaiser entfernten die vergoldete Bronze und den Marmor. Die zwei großen Bronzetüren sind jedoch noch original. Die erhabene Wirkung des Innenraums beruht auf seinen vollkommenen Proportionen, der Symmetrie von Durchmesser und Höhe (43,40 m). Im Scheitel der halbkreisförmigen Kassettenkuppel läßt eine kreisrunde Öffnung von 9 m Durchmesser das Licht einfallen. Die juwelenbesetzten Statuen von Göttern und Göttinnen sind längst aus ihren Nischen verschwunden, die heute als Kapellen dienen. Das Pantheon ist die letzte Ruhestätte der ersten beiden Könige des heutigen Italien, Viktor Emanuels II. und Umbertos I., und einiger berühmter Künstler der Renaissance, darunter Raffael.
🕐 Mo–Sa 9–14 Uhr; So 9–13 Uhr.

Das Grab König Umbertos I. im Pantheon, dem besterhaltenen Monument aus der Zeit Kaiser Hadrians

◆
PIRAMIDE DI CESTIO (CESTIUSPYRAMIDE)
Porta San Paolo
Nach der Eroberung Ägyptens durch Augustus gab es in Rom eine Vorliebe für alles Ägyptische, das auch den wohlhabenden Politiker Caius Cestius beim Bau seines Grabmals (12 v. Chr.) beeinflußte. Verglichen mit ägyptischen Pyramiden war seine Pyramide mit ihren 28 m Höhe zwar klein, doch für Rom ganz beachtlich. Die Inschrift besagt, daß Caius Cestius die Aufsicht bei Opfermahlen führte, und daß der Bau der Pyramide 330 Tage dauerte.

SEHENSWÜRDIGKEITEN

PONTE SANT'ANGELO
Die Engelsbrücke ist die schönste Brücke Roms und verbindet die Engelsburg mit der Stadt. Ihre drei Mittelbögen stammen noch von der ursprünglichen Brücke, dem Pons Aelius, die Hadrian 136 erbauen ließ. Sie führte zum Mausoleum der Familie. Die Standbilder von Petrus, Paulus und zehn Engelsfiguren auf der Brüstung haben meist Schüler Berninis nach seinen Entwürfen ausgeführt.

◆
PORTA MAGGIORE
Claudius errichtete im Jahre 52 den imposanten Torbau am Schnittpunkt von Via Prenestina und Via Labicana als Durchgang unter den Aquädukten Aqua Claudia und Anio Novus. Später wurde er in die Aurelianische Stadtmauer einbezogen.

◆
PORTA PIA
Via XX Settembre/Via Nomentana
Der historische Torbau wurde 1561 von Pius IV. in Auftrag gegeben und nach Michelangelos Plänen errichtet. Die neubarocke Fassade stammt von Virginio Vespignani. Am 20. September 1870 drangen die Armeen des vereinigten Italien durch Mauerbreschen beiderseits des Bogens in Rom ein. Heute bewahrt hier das Bersaglieri-Museum militärische Erinnerungsstücke.

◆
PORTA SAN SEBASTIANO
Der am besten erhaltene Torbau der Aurelianischen Mauer befindet sich hinter dem Drususbogen. Zwischen der Porta Capena im Nordwesten und der Porta San Sebastiano, die damals noch Porta Appia hieß, erstreckte sich in der Antike der innerstädtische Teil der Via Appia. Zwei mittelalterliche Türme flankieren das Tor, das man von der Via Appia Antica aus am besten betrachten kann.

PROTESTANTISCHER FRIEDHOF (CIMITERO ACCATOLICO)
Via Caio Cestio
Viele berühmte und ruhmlose Personen sind auf dem von alten Zypressen und Pinien bestandenen Friedhof beerdigt, so Goethes Sohn August (gest. 1830) und der Maler Hans von Marées. Viele Besucher kommen zum Grab des 1821 verstorbenen britischen Dichters John Keats und dem seines Landsmanns Percy Shelley im neuen Teil des Friedhofs. Shelley ertrank 1822 beim Segeln und wurde am Strand von La Spezia eingeäschert. Sein Freund Edward Trelawny brachte sein Herz nach Rom und setzte es hier bei. Er selbst wurde später neben dem Dichter begraben.
🕒 täglich 8–11.30 Uhr und 15.20 bis 17.30 Uhr.

SPANISCHE TREPPE (SCALINATA DELLA TRINITA DEI MONTI)
Piazza di Spagna
Sie ist eines der Wahrzeichen von Rom und Hauptanziehungspunkt für Touristen. Man kommt hierher, um sich zu treffen, um zu sehen und gesehen zu werden. Die Treppe, die von der Piazza aus hinauf zur Kirche Trinità dei Monti führt, wurde zwischen 1723 und 1726 von Francesco De Sanctis erbaut.

SEHENSWÜRDIGKEITEN

◆
TEATRO DI MARCELLO
Via del Teatro di Marcello
Dieses gewaltige Amphitheater war mit 15 000 Plätzen Roms kleinstes Theater; es wurde 13 v. Chr. Caesars Neffen Claudius Marcellus geweiht, der bereits mit 25 Jahren starb. Caesar begann den Bau; Augustus vollendete ihn. Im Mittelalter verwandelte man das Theater in eine Festung, dann diente es den Familien Savelli und Orsini als Palast. Ursprünglich befanden sich auf jeder Etage 41 Bögen, heute sind es nur noch zwölf. Mussolini ließ die kleinen Läden beseitigen, die im Laufe der Jahre unter den Bögen entstanden waren. Die drei korinthischen Säulen nördlich des Gebäudes sind die Überreste des Apollo-Tempels.

DER VATIKAN
Der Vatikan ist mehr als eine Stadt – er ist der kleinste unabhängige, souveräne Staat der Welt; Staatsoberhaupt ist der Papst. Diesen Status erhielt er 1929 durch die Lateranverträge zwischen dem Königreich Italien und dem Papst. Der ca. 44 ha große Staat hat ein eigenes Verwaltungs- und Rechtssystem, außerdem Postamt, Bank, Zeitung, Rundfunkstation, Bahnhof und Supermarkt. Für Sicherheit sorgt die Schweizer Garde. Der Hügel war in alten Zeiten als Ager Vaticanus bekannt, den man für die Grabstätte des hl. Petrus hielt. Kaiser Konstantin ließ hier im 4. Jh. die erste christliche Basilika errichten; die heutige, der Petersdom, entstand im 16. Jh.

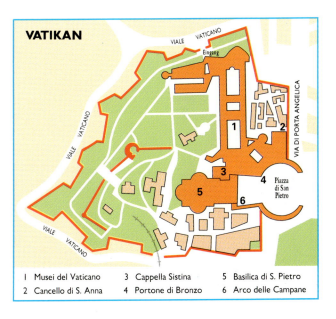

1 Musei del Vaticano	3 Cappella Sistina	5 Basilica di S. Pietro
2 Cancello di S. Anna	4 Portone di Bronzo	6 Arco delle Campane

SEHENSWÜRDIGKEITEN

Man kommt auf drei verschiedenen Wegen in den Vatikanstaat: Durch den Arco delle Campane (Glockentor), durch den Portone di Bronzo (Bronzepforte) rechts am Beginn der Bernini-Kolonnade oder durch den Cancello di Sant'Anna in der Via di Porta Angelica.

In den **Vatikanischen Museen** ist die weltweit größte Sammlung alter Kunstwerke ausgestellt. Ein einziger Besuch reicht nicht aus, will man auch nur die Höhepunkte sehen. Es gibt vierfarbig markierte Besucherwege, die, je nach Verweildauer, zwischen eineinhalb und fünf Stunden in Anspruch nehmen. Eilige

Die traditionelle farbige Uniform der Schweizer Garde des Vatikan

Besucher gehen vielleicht direkt vom Haupteingang Viale del Vaticano in die Sixtinische Kapelle. Da aber ein Einbahn-System besteht, ist es sehr schwierig, von dort aus zu den Sammlungen zurückzukommen.

Wenn man am inneren Eingang Atrio dei Quattro Cancelli beginnt und die Scala Simonetti emporsteigt, erreicht man die Sixtinische Kapelle am Ende einer langen Reihe von Galerien. Die erste ist die **Galleria dei Candelabri**. Sie wurde nach den antiken Kandelabern aus der Kaiserzeit benannt, enthält aber auch wichtige Statuen, wie die *Diana von Ephesus* aus dem 2. Jh. Als nächstes folgt die **Galleria delle Carte Geografiche**, deren Wände mit Landkarten aus dem 16. Jh. bemalt sind. Dann kommt man zur **Galerie Papst Pius' V.**

Alle vier Rundgänge führen im Anschluß an die Galerie Pius' V. durch das Sobieski-Zimmer und durch den **Raum der unbefleckten Empfängnis** mit großen Fresken, die die Deklaration des Dogmas von der unbefleckten Empfängnis thematisieren. Hier sind Bücher und Manuskripte ausgestellt.

Die beiden längeren Wege führen durch die **Stanzen Raffaels** (Stanze di Raffaelo). Die vier Räume seiner Privatwohnung ließ der Baupapst Julius II. von Raffael gestalten, dem es bereits als Jüngling gelang, renommierte Künstler wie seinen Lehrer Perugino, Sodoma und Lorenzo Lotto auszustechen und deren Arbeiten, unter denen wiederum Fresken von Piero della Francesca und Andrea del Castagno lagen, einfach zu übermalen. Die Stanzen sind das Hauptwerk Raffaels.

SEHENSWÜRDIGKEITEN

Triptychon Fra Angelicos aus den Vatikanischen Museen

Den zweiten Raum, die **Stanza della Segnatura** schmücken Fresken, die die Themen der Gerechtigkeit, Theologie, Philosophie und Poesie illustrieren. Vielleicht ist das berühmteste, die *Schule von Athen*, Raffaels größte Leistung: Die antiken Philosophen tragen die Züge seiner Zeitgenossen Leonardo da Vinci, Bramante, Michelangelo und am Rand – mit der schwarzen Mütze – hat er sich selbst verewigt. Nach weiteren Sälen folgt ein Juwel, das oft übersehen wird – die kleine, aber feine Kapelle Nikolaus' V. Fra Angelico dekorierte sie zwischen 1448 und 1450 mit anmutigen Fresken, die Szenen aus dem Leben des hl. Stephan und des hl. Laurentius darstellen.
Die längeren Rundgänge berühren auch die Borgia-Wohnung (**Appartemento Borgia**) direkt unter den Stanzen. Die Wohnung ist nach dem zweiten Borgia-Papst Alexander VI. benannt, der 1492 sein Amt antrat. Er nutzte die Zimmerflucht und beauftragte Pinturicchio samt seinen Schülern, die sechs Säle mit Fresken zu schmücken. Heutzutage ist in der Wohnung die „Sammlung moderner religiöser Kunst" Papst Pauls VI. ausgestellt.
Alle Besichtigungswege führen schließlich in die **Sixtinische Kapelle** (Cappella Sistina), den obligatorischen Höhepunkt eines Rombesuchs. Sie wurde Ende des 15.Jh.s als Hauskapelle für Sixtus IV. gebaut und von den größten Künstlern der damaligen Zeit ausgemalt: Botticelli, Ghirlandaio, Perugino, Pinturicchio, Signorelli und viele andere steuerten Werke bei. Doch waren es Michelangelos großartige *Deckenfresken* (1508–1512) und sein überwältigendes *Jüngstes Gericht* an der Rückwand, die den Ruf der Kapelle in alle Welt trugen. Anfangs war Michelangelo gar nicht geneigt, den schlechtbezahlten Auftrag Julius' II. anzunehmen. Und in der Tat erwies sich die Bemalung einer Fläche

SEHENSWÜRDIGKEITEN

von gut 800 m² als fast übermenschliche Leistung. Die Bilder erzählen die Schöpfungsgeschichte, den Sündenfall und die Geschichte Noahs. Während die Decke bei ihrer Enthüllung großes Lob fand, waren die Meinungen über das *Jüngste Gericht* (1536–1541) geteilt. Manche sahen darin ein Meisterwerk, andere empfanden es als anstößig. Es zeigt einen jungen, bartlosen Christus beim Gericht über die Menschheit. Unter den abgebildeten Gesichtern erkennt man auch Michelangelos Freunde und Feinde, alle so nackt, wie es nach der Auferstehung des Fleisches zu erwarten ist. Daran konnten die Päpste keinen Gefallen finden, und 1564 wurde die Anbringung von Lendenschürzen befohlen. Verursacht durch jahrhundertealte Schichten von Kerzenruß wirkt die Altarwand düster. Die Restaurierung des Deckengewölbes brachte in jüngster Zeit die Leuchtkraft der manieristischen Originalfarben wieder ans Tageslicht. Die Arbeiten sind noch nicht abgeschlossen. Alle vier Rundgänge führen durch die **Vatikanische Bibliothek** mit Tausenden von handgeschriebenen Büchern aus dem Mittelalter und Wiegendrucken. Beachten Sie die *Aldobrandinische Hochzeit*, ein Fresko aus der Zeit des Augustus. Sie finden aber auch Abschriften der Werke Vergils aus dem 4. und 5. Jh., handgeschriebene Gedichte Michelangelos und Liebesbriefe Heinrichs VIII. an Anne Boleyn. Seit der Begründung der Sammlung 1420 mit 340 Büchern Nikolaus' V. ist sie auf über 1 Million Bände angewachsen, davon allein mehr als 60 000 Handschriften. Der nächste Höhepunkt des Rundganges ist die **Pinakothek** mit ihrer reichen Gemäldesammlung aus byzantinischer Zeit bis in die Gegenwart.

Der Braccio Nuovo (Neuer Flügel), Rundgänge C und D, ist ein Verbindungstrakt zum **Chiaramonti-Museum**, zu dem auch noch die **Galleria Lapidaria** gehört. Er beherbergt klassische Skulpturen wie die Kolossalstatue des Nil. Das **Ägyptische Museum** (Museo Gregoriano Egizio; Rundgänge C und D) wurde von Papst Gregor XVI. 1839 gegründet. Hier finden Sie Rekonstruktionen von Grabkammern aus dem Tal der Könige, bei denen Originalteile verwendet wurden.

SEHENSWÜRDIGKEITEN

Das **Museo Pio-Clementino** (Rundgänge C und D) ist nach den Päpsten des 18. Jh.s benannt, die diese Sammlung von Skulpturen anlegten. Einige Schätze des Museums befinden sich im achteckigen Hof. Dazu gehört auch der *Apollo von Belvedere* aus dem 2. Jh., die römische Nachbildung eines Werkes von Leochares (330 v. Chr.). Die legendäre *Laokoongruppe* wurde 1506 nahe der Domus Aurea entdeckt; sie stellt den trojanischen Apollo-Priester und seine Söhne im Kampf mit zwei Riesenschlangen dar. Agesandros von Rhodos und seine Söhne Athenodoros und Polydoros schufen die Marmorplastik im 1. Jh. v. Chr. Erst in den 50er Jahren wurde der originale angewinkelte Arm entdeckt, vielen wird noch die Phantasieergänzung mit emporgerecktem Arm, deren Gipsabguß daneben steht, vertraut sein.

Das **Museo Gregoriano Etrusco** (Etruskisches Museum, Rundgänge B und D), gegründet 1837 von Gregor XVI., enthält etruskische Kunstwerke, wie die Großbronze des *Mars von Todi* und die *Tomba Regolini-Galassi*, eine Grabanlage aus Cerveteri. Unter den ausgestellten griechischen Originalen ist besonders die *Stele des Palestrita* zu nennen, ein Grabrelief aus dem 5. Jh. v. Chr.

🕐 Mai–Sept. 8.45–16 (im Winter bis 13 Uhr), Sa 8.45–13 Uhr ; So u. Fei geschlossen; Eintrittsgebühr.

♦♦♦
Villa Borghese

Roms schönster und größter öffentlicher Park wurde im 17. Jh. im Auftrag von Kardinal Scipione Borghese angelegt; dabei ließ er sich von der Anlage in Tivoli inspirieren. Es ist leicht, dem Lärm der Straßen zu entkommen, die heutzutage das Gelände durchziehen, wenn man sich an die Ruhezone des Sees und der schattigen, von Bäumen gesäumten Spazierwege hält. Eine Brücke verbindet den Park mit den Gärten auf dem Monte Pincio, und am nördlichen Rand des Parks liegt der kleine römische Zoo. Das **Museo Borghese** und die **Galleria Borghese** sind im Casino untergebracht, dem Lustschlößchen des Kardinals.

Die Liebesbriefe Heinrichs VIII. an Anne Boleyn sind in der Vatikanischen Bibliothek ausgestellt

SEHENSWÜRDIGKEITEN

Die Villa Borghese – Ruhe im Herzen der Stadt

Obwohl Napoleon den damaligen Borghese-Prinzen zwang, über 200 Stücke aus seiner Sammlung an den Louvre zu verkaufen, blieb doch noch ein respektabler Bestand an Meisterwerken zurück. Das berühmteste Stück, rechts im Erdgeschoß, ist die Liegefigur der Fürstin Paolina Borghese, der Schwester Napoleons, 1804 von Antonio Canova als *Venus* geschaffen. Ihr Ehemann Camillo Borghese zeigte die Statue nur Auserwählten.

Die meisten Plastiken befinden sich im Erdgeschoß, so auch

SEHENSWÜRDIGKEITEN

Berninis *David*. Die Skulptur wurde von Scipione in Auftrag gegeben, ihr Gesicht soll das des jungen Bildhauers sein. Zu den Höhepunkten der Galerie gehören die Gemälde im ersten Stock, besonders die Werke Raffaels in Raum X. Sein Hauptwerk ist hier die *Grablegung Christi*, ein Auftrag von Atalanta Baglioni zur Erinnerung an ihren ermordeten Sohn. Das *Männerbildnis* galt lange als Werk Holbeins, bis es bei der Restaurierung 1911 als Raffael erkannt wurde. Die Galerie ist auch für ihre Caravaggios in Raum XIV. bekannt. Von seinem realistischen Pinselstrich zeugen die *Madonna dei Palafrenieri* ebenso wie die Früchte und Blätter auf dem Jugendwerk *Kleiner kranker Bacchus*. Der Bacchus und der Goliath aus *David und Goliath* sollen Selbstporträts des Malers sein. Rubens' ergreifende *Grablegung* ist in Raum XV. ausgestellt, doch am meisten vertraut ist dem Besucher vielleicht Tizians immer wieder reproduzierte *Himmlische und irdische Liebe* im letzten Raum der Galerie. Übrigens stellt die unbekleidete Figur die himmlische Liebe und die bekleidete die irdische Liebe dar – nicht umgekehrt.
🕓 täglich 9–14 Uhr.

◆◆
VILLA FARNESINA
Via della Lungara
Diese elegante Renaissance-Villa ließ Baldassare Peruzzi im frühen 16. Jh. für den Bankier Agostino Chigi erbauen. Sie wurde zum Treffpunkt der Berühmtheiten ihrer Zeit. Raffael und seine Schüler, u. a. Giulio Romano, Sebastiano del Piombo und Sodoma schmückten die Villa aus, in der Päpste, Diplomaten und Philosophen speisten.
1579 war Chigi gezwungen, die Villa an die Familie Farnese zu verkaufen, auf die ihr heutiger Name zurückgeht. Die Loggia der Psyche, die jetzt verglast ist, gewährte direkten Zugang zum Garten. Sie ist mit Girlanden, Früchten und Blumen verziert, die den Eindruck einer Gartenlaube vermitteln. Die Decke wurde 1517 vollendet und stellt Szenen aus der mythischen Fabel von Amor und Psyche dar. Die Loggia links der Gartengalerie bewahrt den *Triumph der Galatea*, ein herrlich bewegtes Fresko Raffaels, das die Meergöttin Galatea zeigt, die einen Muschelwagen mit vorgespannten Delphinen lenkt. Bevor Sie das Erdgeschoß verlassen, sollten Sie sich noch den kleinen Raum anschauen, der an die Loggia der Psyche anschließt und einen bezaubernden Schmuckfries mit mythologischen Darstellungen von Peruzzi aufweist. Oben, im großen Wohntrakt der Villa, finden sich im **Salone delle Prospettive** (Saal der Perspektiven) illusionistische Wandmalereien. Sie sind ebenfalls ein Werk Peruzzis.
🕓 Mo–Sa 9–13 Uhr; Eintrittsgebühr.

◆◆◆
VILLA GIULIA
Viale delle Belle Arti
Dieses hübsche Landhaus war die Traumvilla Julius' III., des letzten Renaissancepapstes. Sie kostete ihn ein Vermögen. An der Gestaltung war Giorgio Vasari beteiligt; hauptsächlich ist die Arbeit aber Ammannati und Vignola zuzuschreiben. Viele der Statuen, die Julius III. hier auf-

SEHENSWÜRDIGKEITEN

Hervorragende Fresken Carraccis im Palazzo Farnese (s. S. 72)

stellen ließ, wurden nach seinem Tode in den Vatikan gebracht.
1889 wurde die Villa in ein Museum umfunktioniert, das Funde aus vorrömischer Zeit aus Etrurien, Latium und Umbrien beherbergt. Vor allem die Kunst der Etrusker, eines Volkes, dem die Römer so viel zu verdanken haben, ist hier glanzvoll dokumentiert.
Das schöne **Etruskische Nationalmuseum** ist im Hauptgebäude und in den beiden Flügeln aus diesem Jahrhundert untergebracht. Die meisten Ausstellungsstücke stammen aus alten Grabanlagen. Die Etrusker wie auch die Ägypter gaben ihren Toten all die Dinge mit, auf die sie auch im jenseitigen Leben nicht verzichten sollten.
Die berühmtesten Werke der Sammlung sind der *Apoll von Veji* mit seinem archaischen Lächeln und der *Sarkophag mit dem liegenden Ehepaar* aus Cerveteri.

Die große Zahl griechischer Vasen und ägyptischer Parfümflaschen, die in Etrurien gefunden wurden, zeigt, daß die Etrusker bereits regen Handel trieben.
Sie stellten auch eigene Töpferwaren (*bucchero*) mit dünner Wandung und schwarzgrauer Oberfläche her, oft auch mit Reliefverzierung. Viele Schätze wurden bei Praeneste zusammen mit Tassen, Schüsseln und wertvollem Metall in einem Grab aus dem 7. Jh. gefunden. Offenbar war Praeneste so etwas wie ein Paris der Alten Welt.
🕒 Di–So 9–19 Uhr; Fei 9–13 Uhr; Mo geschlossen; Eintrittsgebühr.

◆
VILLA MEDICI
Viale Trinità dei Monti
Annibale Lippi gestaltete die Villa 1544 für Kardinal Ricci. Die schmucklose Fassade blieb seitdem fast unverändert. 1580 kaufte Kardinal Ferdinando di Medici das Gebäude, das nach der Annektierung durch Napoleon 1803 Sitz der Académie Française in Rom wurde.

SEHENSWÜRDIGKEITEN

Kirchen
Von den einigen hundert Gotteshäusern in Rom – von mächtigen Basiliken (s. o.) bis zu bescheidenen Kapellen – ist jedes auf seine Weise einzigartig. Hier eine Auswahl:

◆
SAN AGOSTINO
Piazza San Agostino
Die Kirche aus dem späten 15. Jh., mit einer der ersten Renaissancefassaden in Rom, ist dem Kirchenlehrer Augustinus geweiht. Als Ort der Volksfrömmigkeit wird sie von schwangeren oder unfruchtbaren Frauen besucht, die um Beistand bitten. Beachten Sie Caravaggios *Madonna von Loreto* (17. Jh.) in der ersten Kapelle links.

◆
SAN ANDREA DELLA VALLE
Corso Vittorio Emanuele
Die reichgeschmückte Barockkirche mit der nach dem Petersdom zweithöchsten Kuppel der Stadt enthält die Gräber der Piccolomini-Päpste, die 1614 vom Petersdom hierher verlegt wurden, ferner die Familienkapellen der Barberini und Lancellotti. In der Cappella Attavanti spielt der 1. Akt von Puccinis Oper „Tosca".

◆
SAN BARTOLOMEO
Tiberinsel
Kaiser Otto III. ließ Ende des 10. Jh.s anstelle eines Aeskulaptempels eine später mehrfach veränderte Kirche errichten. Hier ruhen die Gebeine des hl. Bartholomäus. Am Platz des Porphyrbeckens vor dem Hauptaltar vermutet man die Quelle des Gottes der Heilkunst Aeskulap (s. S. 48). Der schlanke Campanile (9. Jh.) wirkt wie ein Mast auf dem Schiff der Tiberinsel.

◆
SAN CARLO ALLE QUATTRO FONTANE
Via del Quirinale
Die schöne kleine Ovalkirche ist allgemein als San Carlino bekannt. Sie ist ein Frühwerk Borrominis, der auf geniale Weise die Probleme der beengten Raumvorgabe löste.

◆
SAN GIORGIO IN VELABRO
Via del Velabro
Der Name bezieht sich auf das Sumpfgebiet (Velabrum), wo der Legende nach Romulus und Remus von der Wölfin gefunden wurden. Geschickte Renovierung brachte die alten Elemente im Kircheninnern wieder zur Geltung – antike Säulen, einen Steinaltar mit Baldachin aus dem 13. Jh. und die verwitterte Holzdecke.

◆
SAN GREGORIO MAGNO
Via di San Gregorio
Gregor der Große verwandelte vor seiner Wahl zum Papst 575 das hier gelegene väterliche Haus in ein Kloster. Der Neubau des Mittelalters wurde barock umgestaltet. Der vom Ende des 15. Jh.s stammende Altar in der Kapelle des hl. Gregor zeigt Szenen aus dessen Leben.

◆
SAN IGNAZIO
Via San Ignazio
Die Kirche wurde zwischen 1626 und 1685 zu Ehren des hl. Ignatius von Loyola erbaut, der den Jesuitenorden gründete. Das barocke Deckenfresko von Andrea Pozzo ist ein berühmtes

SEHENSWÜRDIGKEITEN

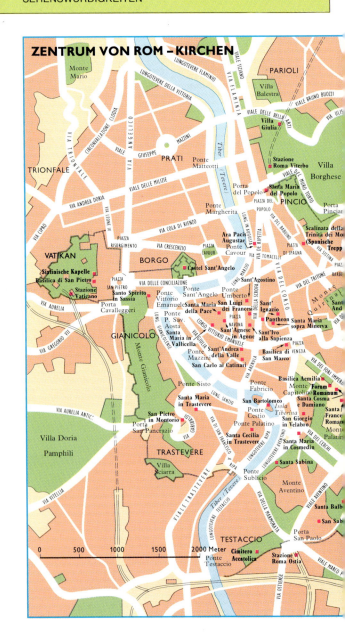

SEHENSWÜRDIGKEITEN

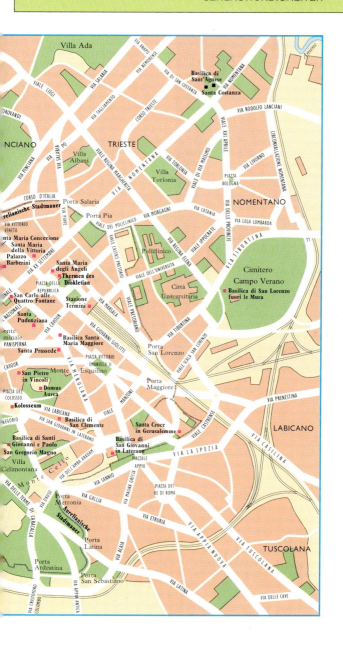

SEHENSWÜRDIGKEITEN

Santa Cecilia in Trastevere – eine original-römische Marmorvase vor dem Portikus aus dem 18.Jh. und dem Glockenturm aus dem 12.Jh

Beispiel illusionistischer Malerei, das die Verherrlichung des Kirchenpatrons darstellt.

◆
SAN IVO ALLA SAPIENZA
Corso del Rinascimento, Eingang im Hof des Palazzo della Sapienza No 40.
Diese Palastkapelle Borrominis besticht nicht durch Größe, sondern durch einfallsreiche Gestaltung. Der Grundriß ist sechseckig, und die phantasievoll gearbeitete Kuppel wird von einer zierlichen Laterne gekrönt.

◆
SAN LUIGI DEI FRANCESI
Piazza di San Luigi dei Francesi
Die französische Nationalkirche in Rom wurde im 16.Jh. erbaut. Ihr größter Kunstschatz sind frühe Gemälde von Caravaggio in der Contarelli-Kapelle des hl. Matthäus (letzte Kapelle links): *Berufung des hl. Matthäus, Martyrium des hl. Matthäus* und *Der hl. Matthäus und der Engel.*

◆
SAN PIETRO IN MONTORIO
Via Garibaldi
Der Legende nach wurde diese Kirche „des hl. Petrus auf dem Goldberg" an der Stelle errichtet, wo der Heilige vermutlich gekreuzigt wurde, doch ist dies sehr zweifelhaft. Ihren Ruhm verdankt sie vor allem Bramantes **Tempietto** (Kleiner Tempel) im Hof, der im Jahr 1502 errichtet wurde. In der Krypta sieht man eine Vertiefung, in der das Kreuz des hl. Petrus gestanden haben soll.

◆ ◆
SAN PIETRO IN VINCOLI
Piazza di San Pietro in Vincoli
Die Kirche wurde im Jahre 432 von Kaiserin Eudoxia, der Frau Valentinians III., als Aufbewahrungsort für die Ketten gebaut, mit denen Petrus während seiner Gefangenschaft in Jerusalem gefesselt worden sein soll. Historisch ist immerhin belegt, daß sich die Ketten bereits im 5.Jh. tatsächlich in der Kirche befanden. Sie liegen heute in einem Reliquienschrein aus Bronze und Kristall unter dem Hochaltar. Lassen Sie sich auch auf keinen Fall die grandiose Statue des Moses und das nicht vollendete Grabmal Julius' II. von Michelangelo entgehen.

SEHENSWÜRDIGKEITEN

◆
SANT'AGNESE IN AGONE
Piazza Navona
An dem Ort, wo sich einst inmitten zwielichtiger Etablissements das Stadion des Domitian befand, soll das Martyrium der hl. Agnes begonnen haben, die man als Dreizehnjährige nackt der gaffenden Menge vorführen wollte. Durch ein Wunder wuchsen ihre Haare jedoch so lang, daß sie vollkommen eingehüllt war. Diese Szene ist auf einem Marmorrelief in der Krypta der Kirche dargestellt.

◆
SANTA CECILIA IN TRASTEVERE
Piazza di S. Cecilia
Die Fassade, ein Werk Ferdinando Fugas, stammt aus dem 18.Jh., der Portikus und der Glockenturm aus dem 12.Jh. Die große Marmorvase (ein Kantharos) im Atriumgarten ist ein original-römisches Werk. Im Inneren liegt unterhalb des Altars das Grabmal der hl. Cäcilia mit einer Statue Stefano Madernos. Das Frauenkloster neben der Kirche birgt eine meisterhafte Freskendarstellung von Pietro Cavallinis *Jüngstem Gericht* (um 1293).

◆
SANTA COSTANZA
Kreuzung Via di Sant'Agnese/ Via Nomentana
Im 4. Jh. war dieser stimmungsvolle Ort ein Mausoleum für die Töchter des Kaisers Konstantin, Constantia und Helena. Obwohl die Kirche am Stadtrand liegt, lohnt sich die Fahrt dorthin, besonders wegen der hervorragenden Mosaiken in den Gewölben des Umgangs. Sie sind die frühesten Beispiele christlicher Mosaikdekoration, die noch heidnische Motive verwendete, wie z. B. bacchische Szenen mit Motiven aus der Weinlese, Amoretten, Vögeln und Blumenmustern.

◆
SANTA CROCE IN GERUSALEMME
Piazza Santa Croce in Gerusalemme
Die Kirche ist auch als „Basilica Sessoriana" bekannt. Sie soll für die von Jerusalem nach Rom gebrachte Kreuzreliquie gebaut worden sein. Der heutige Bau stammt jedoch aus dem 18.Jh. Das Fresko in der Apsis, Antoniazzo Romano zugeschrieben, zeigt die Auffindung des Kreuzes durch die hl. Helena.

◆
SANTA FRANCESCA ROMANA
Ostrand des Forum Romanum
Das barocke Innere glänzt in Gold und farbigem Marmor. Zu den herausragenden Stücken der Ausstattung gehört das Tafelbild der „Jungfrau mit dem Kind" in der Sakristei, eine der frühesten Darstellungen des Themas (5.Jh.). In der Krypta neben dem Beichtstuhl ruht der Leichnam der hl. Francesca, die als Patronin der Autofahrer gilt.

◆
SANTA MARIA DELLA CONCEZIONE
Via Vittorio Veneto
Die auch „dei Cappuccini" genannte Kirche ist vor allem bekannt durch die unterirdischen Kapellen mit einer makabren Ansammlung der Schädel und Gebeine von 4000 Kapuzinermönchen, die die Bögen und Wände bedecken.

SEHENSWÜRDIGKEITEN

In einigen Nischen findet man sogar ganze Skelette in Kapuzenmänteln.

SANTA MARIA IN COSMEDIN
Piazza Bocca della Verità
Die Vorhalle dieser wundervollen mittelalterlichen Kirche mit dem siebengeschossigen Campanile ziert eine in die Mauer eingelassene Steinmaske, die Bocca della Verità (Mund der Wahrheit) mit dem Relief einer Tritonenmaske. Im Mittelalter entstand die Legende, daß jeder, der seine Hand in den Riesenmund legt und dabei die Unwahrheit sagt, von geheimnisvollen Mächten festgehalten werde. Selbst heute können nur wenige dieser Herausforderung widerstehen.

SANTA MARIA SOPRA MINERVA
Piazza della Minerva
Roms einzige gotische Kirche wurde vom Bettelorden der Dominikaner um 1280 zwischen den Ruinen des Minerva-Tempels erbaut. Hauptattraktionen sind die herrlichen Fresken von Filippino Lippi (ca. 1498) und der *Christus mit dem Kreuz* von Michelangelo an der linken Seite des Hochaltars. Das Lendentuch und der Bronzeschuh wurden später hinzugefügt; der Schuh sollte den rechten Fuß vor der Abnutzung durch Küsse der Gläubigen schützen.
Das angrenzende Klostergebäude war Schauplatz des berühmten Prozesses gegen Galileo Galilei, der vom Inquisitionstribunal zum Widerruf der von ihm verbreiteten Lehre – die Erde drehe sich um die Sonne – gezwungen wurde.

◆
SANTA MARIA DELLA PACE
Vicolo della Pace
Diese winzige Kirche wurde um 1480 von Baccio Pontelli erbaut. Der Bau ging auf ein Gelübde Sixtus' IV. zurück. Die Legende besagt, daß das Bild der Jungfrau über dem Altar zu bluten begann, als es von einem Stein getroffen wurde. Dieses Ereignis veranlaßte Sixtus herbeizueilen, um das wundersame Bild in Augenschein zu nehmen. Er versprach, der Jungfrau eine Kirche zu weihen, wenn sie den Krieg gegen Mailand zu einem guten Ende brächte.
Sehen Sie sich Raffaels *Vier Sibyllen* an (erste Kapelle rechts) und auch den Kreuzgang von Bramante, sein erstes Werk in Rom (1504).

SANTA MARIA DEL POPOLO
Piazza del Popolo
In der ersten Kapelle des linken Querschiffs, der Cappella Cesari, sind zwei berühmte Gemälde von Caravaggios (1601–1602) hervorzuheben, die *Bekehrung des Paulus* und die *Kreuzigung des Petrus*.
Beachtenswert ist auch die achteckige Chigi-Kapelle, die Raffael entwarf.

SANTA MARIA IN TRASTEVERE
Piazza di Santa Maria in Trastevere
Dies ist die älteste Marienkirche Roms, auch wenn vieles von dem, was wir heute sehen, auf die Umbauarbeiten unter Innozenz II. zurückgeht. Die Apsismosaiken von P. Cavallini stammen hauptsächlich aus dem 12. Jh.

SEHENSWÜRDIGKEITEN

Eine Teilansicht des Innenraumes von Santa Maria in Trastevere

◆
SANTA MARIA DELLA VITTORIA
Via XX Settembre
Von der barocken Innenausstattung ist Berninis Cornaro-Kapelle im linken Querschiff hervorzuheben. Sie zeigt die Mitglieder der Familie Cornaro wie in einer Theaterloge; sie betrachten die Szene in der Mitte: Die *Verzükkung der hl. Theresa*, ein Hauptwerk Berninis, das die Heilige in Ekstase darstellt.

◆
SANTA PRASSEDE
Via Santa Prassede
Diese Kirche wurde im 9. Jh. vom hl. Paschalis I. als Mausoleum für seine Mutter Theodora erbaut. Sehenswert sind vor allem die Mosaiken, besonders im Hauptschiff und in der Cappella di San Zenone. Schwarze Granitsäulen stehen am Eingang. Goldmosaiken, die Christus und die Apostel, die Madonna mit dem Kind sowie die hl. Praxedis und ihre Schwester Pudentiana darstellen, bedecken Wände und Deckengewölbe.

◆
SANTA PUDENZIANA
Via Urbana
Die Kirche steht angeblich an der Stelle des Hauses, wo der hl. Petrus sieben Jahre lang gelebt hat. Zumindest im 2. Jh. n. Chr. befanden sich hier römische Bäder, die in eine Basilika umgewandelt wurden. Das Apsismosaik (Ende des 4. Jh.s) zeigt einen Christus in goldener Robe mit seinen Aposteln und die Heiligen Praxedis und Pudenziana.

◆◆
SANTA SABINA
Piazza di San Pietro d'Illiria
Das Glanzstück der Basilika aus dem 5. Jh. ist die Zypressenholztür aus dieser Zeit, die von der Vorhalle in die Kirche führt. Von ihren Bildfeldern sind noch 18 erhalten geblieben – die ältesten Holzschnitzereien christlicher Kunst.

◆
SANTI COSMA E DAMIANO
Via dei Fori Imperiali
Obwohl der Tempel des Romulus als Vestibül dient, kommt man nicht vom Forum Romanum aus in die Kirche, sondern durch den Kreuzgang des angrenzenden Nonnenklosters. Im Apsismosaik aus dem 6. Jh. sehen Sie eine Christusfigur mit der Schriftrolle, umgeben von den Heiligen Petrus, Paulus, den beiden Ärzten Kosmas und Damianus, die den Märtyrertod starben, und anderen Heiligen.

SEHENSWÜRDIGKEITEN

Museen

◆◆◆
DOMUS AUREA (GOLDENES HAUS)
Via Labicana 136; Eingang Via della Domus Aurea
Es mag umstritten sein, ob Nero nun Rom anzünden ließ, um das Schauspiel des Brandes zu genießen; sicher ist auf jeden Fall, daß er sich nach diesem Brand, der auch den Palast auf dem Palatin zerstört hatte, 64 n. Chr. einen Phantasiepalast errichten ließ, der angeblich über und über vergoldet und mit den größten Luxus seiner Zeit ausgestattet war. Es gab hier Hallenbäder mit Meerwasserversorgung, schwefelhaltige Quellen mit fießendem heißen und kalten Wasser, Wandgemälde einiger der bedeutendsten Künstler jener Zeit und Kassettendecken aus Elfenbein. Man braucht heute schon viel Phantasie, um sich vorzustellen, wie exotisch, mondän und nonchalant es einst hier auf der Hochterrasse zugegangen sein mag, verglichen mit der feuchten und düsteren Atmosphäre von heute.
Die Anlage wurde nie fertiggestellt, auf Teilen der Fläche ließ Titus Thermen errichten, der Palast selbst verschwand unter den Thermen des Trajan, die erbaut wurden, nachdem ein Feuer im Jahre 104 die Domus Aurea zerstört hatte.
Fresken im Stil illusionistischer Architekturmalerei zieren die ausgedehnten unterirdischen Räumlichkeiten; sie wurden von den Künstlern der Renaissance bewundert, die diese Malereien, abgeleitet von dem Wort Grotten, „Grotesken" nannten. Mit Hilfe von Taschenlampe und Fernglas sind die verblichenen Gemälde wieder besser zu erkennen.
Die sehenswertesten Räume sind die **Sala della Volta Dorata** (Raum mit dem vergoldeten Gewölbe) und die **Sala Ottogonale**. Man kann sich gut vorstellen, daß hier an einem drehbaren Tisch verschwenderische Bankette gefeiert wurden.
🕐 z. Zt. geschlossen.

◆
MUSEO DELLE ARTI E TRADIZIONI POPOLARI
Piazza Marconi 8
Das Museum befindet sich im EUR-Viertel, unweit des Stadtzentrums. Die gewaltige Sammlung gibt einen umfassenden Einblick in das Leben in Italien um die Jahrhundertwende.
🕐 täglich 9–14 Uhr; Fei 9–13.30 Uhr.

◆
MUSEO CENTRALE DEL RISORGIMENTO
Via San Pietro in Carcere
Dieses Museum im Monumento Vittorio Emanuele II. (s. S. 49) beherbergt reiches Archivmaterial von der Zeit der napoleonischen Besatzung bis zur Einigung Italiens.
🕐 z. Zt. geschlossen.

◆
MUSEO DEL FOLKLORE
Piazza Sant'Egidio
Dioramen in diesem Museum in Trastevere stellen Szenen aus dem römischen Alltagsleben im 18. und 19. Jh. dar. Die Sammlung von Gemälden, Zeichnungen und alten Fotografien wird nach und nach erweitert.
🕐 täglich 9–13, 17–20 Uhr; Mo geschlossen.
Eintrittsgebühr.

SEHENSWÜRDIGKEITEN

Palazzo Barberini mit der Galleria Nazionale di Arte Antica

◆
MUSEO PREISTORICO ED ETNOGRAFICO LUIGI PIGORINI
Viale Lincoln 1 (in EUR)
Die ethnographischen Sammlungen befassen sich mit den Völkern Afrikas, Amerikas und Ozeaniens, während die prähistorische Sammlung das Schwergewicht auf Italien legt.
🕓 Mo–So 9–14 Uhr; Fei 9–13.30 Uhr; Mo geschlossen. Eintrittsgebühr.

◆ ◆
PALAZZO BARBERINI
Via delle Quattro Fontane
Dieser herrliche Barockpalast wurde 1625 von Carlo Maderno begonnen und 1633 von Bernini vollendet. Hier ist ein Teil der **Galleria Nazionale di Arte Antica** untergebracht, und zwar die älteren Werke, der andere Teil der Sammlung befindet sich im Palazzo Corsini (s. S. 71). Der Begriff „antica" (alt) ist ein wenig irreführend. Zu den herausragenden Werken gehören: eine Simone Martini zugeschriebene *Madonna*, ein Triptychon Fra Angelicos (15.Jh.) mit *Himmelfahrt*, *Pfingstwunder* und *Jüngstem Gericht*, zwei Werke Filippo Lippis sowie Lorenzo Lottos *Bildnis eines jungen Mannes*. Auch wenn man nur wenig Zeit hat, sollte man sich Raffaels *Fornarina* ansehen, das Gemälde der schönen Bäckerstochter, das seine Geliebte darstellt. Es folgen noch zwei Bilder von El Greco sowie Tintorettos *Christus und die Ehebrecherin*.
In den Räumen mit flämischen und deutschen Künstlern sind Quentin Massys' *Erasmus* und Holbeins *Heinrich VIII.* bemerkenswert.
🕓 Mo–S0 9–14 Uhr; Fei bis 13 Uhr; Eintrittsgebühr.

SEHENSWÜRDIGKEITEN

Die Galleria Borghese im Casino der Villa Borghese (s. S. 57)

◆
PALAZZO BORGHESE
Largo della Fontanella Borghese
Wegen seiner eigenartigen Form wird der prachtvolle Palast oft auch als „das Cembalo" bezeichnet. Die kurze Seite, die über den Tiber blickt, ist die Tastatur, geschaffen von Flaminio Ponzio. Als Kardinal Borghese 1605 zum Papst gewählt wurde und den Namen Paul V. annahm, kaufte er diesen Palast aus dem 16. Jh. als Familienwohnsitz. Seitdem ist er immer in Familienbesitz geblieben. Die Liebe der Familie Borghese zur Kunst ließ die Galleria Borghese entstehen, die sich im Casino der Villa befindet (s. Villa Borghese, S. 57). Der erste Mäzen Berninis, Kardinal Scipione Borghese, der Neffe Pauls V., begründete diese Sammlung, die dann bis 1891 im Palast selbst verblieb. Obwohl das Hauptgebäude nicht für Besucher geöffnet ist, lohnt sich ein Blick in Hof und Garten. Die schillerndste Persönlichkeit, die je den Palast bewohnte, war sicherlich Pauline Bonaparte, die Lieblingsschwester Napoleons. Sie heiratete im Jahre 1803 den Fürsten Camillo Borghese. Wegen ihrer erotischen Abenteuer war sie schon zu Lebzeiten berühmt und berüchtigt.
🕓 Villa Borghese täglich 9–14 Uhr; nur der Skulpturen-Saal geöffnet.

◆◆
PALAZZO BRASCHI
Piazza San Pantaleo 10
Der Palast wurde für den Neffen Pius' VI. 1775–1799 von Cosimo Morelli gebaut. Die schmalere Hauptfassade geht auf die Piazza San Pantaleo, die breitere auf die Via di Pasquino. Es war der letzte Palast, der in Rom für die Familie eines Papstes errichtet wurde. Heute ist dort das **Museo di Roma** untergebracht, das alle Aspekte des mittelalterlichen bis neuzeitlichen Roms illustriert. Die Sammlung zeigt auch Kuriositäten wie den privaten Eisenbahnwaggon von Pius IX. Im **Gabinetto Stampe, Disegni e Fotografie** (Graphisches Kabinett) im dritten Stock kommen Spezialisten auf dem Gebiet der römischen Geschichte, Topographie und Volksbräuche auf ihre Kosten.
🕓 täglich 9–14 Uhr; Di, Do auch 17–19.30 Uhr; Fei 9–13 Uhr; Mo geschlossen. Eintrittsgebühr.

SEHENSWÜRDIGKEITEN

◆
PALAZZO COLONNA
Piazza Santi Apostoli – Eingang in der Via della Pilotta
Der Palast stammt aus der Zeit des Colonna-Papstes Martin V. (15. Jh.). Sein heutiges Aussehen geht auf einen Umbau von 1730 zurück.
Heute ist hier die **Galleria Colonna**, eine private Gemäldesammlung mit einigen historischen Familienporträts untergebracht. Dazu gehören Bilder von Michelangelos Freundin Vittoria Colonna und der ersten Geliebten Ludwigs XIV., Maria Mancini, die mit einem Colonna verheiratet war. Künstlerisch bedeutsamer sind jedoch Gaspard Dughets Landschaftsgemälde, Tintorettos *Narziss* und Annibale Carraccis *Mangiafagiuoli* (Bohnenesser).
🕒 Sa 9–13 Uhr (im August geschlossen). Eintrittsgebühr.

◆◆
PALAZZO CORSINI
Via della Lungara 10
Der Palazzo ist ein Bauwerk aus dem 15. Jh. und diente im 17. Jh. als Wohnsitz der Königin Christina von Schweden, die wegen ihres Übertritts zum katholischen Glauben auf den schwedischen Thron verzichtet hatte. Die elegante Fassade, ein Werk Ferdinando Fugas, entstand ein Jahrhundert später. Das obere Stockwerk beherbergt heute die späteren Werke der **Galleria Nazionale di Arte Antica** (s. S. 69), darunter zwei Caravaggios – *Narcissus* und *Johannes der Täufer* –, ein Jugendwerk von Rubens, den *Hl. Sebastian*, und van Dycks *Ruhe auf der Flucht nach Ägypten*.

Paolina Borghese, die Schwester Napoleon Bonapartes, von Antonio Canova

SEHENSWÜRDIGKEITEN

🕒 Mo–Sa 9–14 Uhr; So und Fei 9–13; Eintrittsgebühr.

◆◆ PALAZZO DORIA
Piazza del Collegio Romano
Die heutige Fassade, die auf den Corso geht, ist eine Arbeit Gabriele Valvassoris (18. Jh.), die an der Via del Plebiscito hat Paolo Ameli geschaffen (18. Jh.), und die an der Piazza del Collegio Romano ist das Werk Antonio Del Grandes (17. Jh.). Der im 15. Jh. für Kardinal Fazio Santorio erbaute Palast ist eine Mischung verschiedener Stile und Epochen. Viele adlige Familien nannten ihn im Laufe der Zeit ihr eigen, u. a. die Aldobrandini, die Pamphili und die Doria.
Der Palast ist berühmt durch die **Galleria Doria Pamphili**, deren größter Schatz Velazquez' *Bildnis von Innozenz X.* darstellt; der Papst stammte aus der Familie Pamphili. Eine der schönsten Privatsammlungen Roms hat hier eine ebenbürtige Umgebung gefunden. Zu den herausragenden Bildern gehören zwei Tizians (*Spanien als Retterin des Glaubens* und *Salome*), drei Caravaggios (*Maria Magdalena, Ruhe auf der Flucht nach Ägypten, Johannes der Täufer als junger Mann*) und Raffaels *Doppelporträt*. Sie alle befinden sich im ersten Flügel der Galerie.
Von den **Sale di Rappresentanza** (Repräsentationsräume) ist der **Gelbe Salon** besonders reizvoll. Hier hängen zwölf Gobelins, die für Ludwig XV. angefertigt wurden. Die Privaträume sind noch bewohnt; in der **Sala Andrea Doria** sehen Sie viele schöne Familienandenken und in dem großen grünen Salon

Glanz und Pracht des Palazzo Doria

ein Porträt, das Sebastiano del Piombo von dem berühmten Admiral anfertigte.
🕒 Di, Fr, Sa, So 10–13 Uhr; Eintrittsgebühr.

◆ PALAZZO FARNESE
Piazza Farnese
In dem schönsten Renaissancepalast Roms residiert heute die französische Botschaft; er ist daher nicht für Besucher zugänglich. Sein Bau wurde von Antonio Sangallo d. J. eingeleitet, von Michelangelo fortgeführt und schließlich von Giacomo della Porta im Jahr 1589 vollendet.

SEHENSWÜRDIGKEITEN

◆
PALAZZO MADAMA
Corso del Rinascimento
Der Palast aus dem 16. Jh. mit einer Fassade von Paolo Marucelli (17. Jh.) ist heute Sitz des italienischen Senats. Sein Name geht auf Margarethe von Österreich zurück, eine außereheliche Tochter Kaiser Karls V.

◆
PALAZZO MASSIMO ALLE COLONNE
Corso Vittorio Emmanuele
Nach dem Sacco di Roma 1527, der Plünderung Roms durch den deutschen Landsknechtsführer Frundsberg, gestaltete Baldassare Peruzzi hier sein Hauptwerk für die Familie Massimo. Der Name des Palastes erinnert noch an die großen Säulen des Vorgängerbaus. Die der Rundung der Straße angepaßte Fassade und die raffinierte Nutzung des kleinen schwierigen Baugeländes sind architektonisch einzigartig. Der Palast ist für die Öffentlichkeit gesperrt, doch lohnt ein Blick auf die Vorhalle mit ihrer Stuckdecke und den Hof.

◆
PALAZZO DEL QUIRINALE (QUIRINALSPALAST)
Piazza del Quirinale
Der heutige Amtssitz des italienischen Staatspräsidenten gehörte einst dem Papst. Der Vatikan suchte eine neue Sommer-

SEHENSWÜRDIGKEITEN

residenz und entschied sich für dieses Grundstück auf einem der ursprünglichen sieben Hügel, wo vorher Kardinal Ippolito d'Este, ein Sohn des Fürsten Alfonso d'Este und Lucrezia Borgias, seinen Stadtpalast mit Park hatte. Der Bau des heutigen Palasts wurde 1574 von Martino Longhi begonnen und von namhaften Architekten wie Carlo Maderno, Bernini und Fuga fortgeführt; er blieb päpstliche Residenz bis 1870. Auf dem Rundgang, der etwa eine Stunde dauert, sehen Sie ein Fragment *Christus in der Glorie mit Engeln* von Melozzo da Forlì, das aus der Kirche der SS. Apostoli stammt, und den phantastischen Spiegelsaal mit Leuchtern aus Muranoglas.
🕓 Einlaß nur nach schriftlicher Terminvereinbarung.

PALAZZO SPADA
Piazza Capo di Ferro
Der dekorativ mit Stuck verzierte Palast aus dem 16. Jh. wurde 1632 Eigentum Kardinal Bernardino Spadas und blieb in Familienbesitz, bis ihn 1926 der italienische Staat kaufte. Die überladene Stuckfassade ist das Werk Giulio Mazzonis; aber am meisten gefällt die illusionistisch gestaltete Gartengalerie Borrominis, die einen langen Säulengang vortäuscht, der im Hof bei einer Kolossalstatue endet. Es handelt sich dabei um eine sehr eindrucksvolle optische Täuschung, denn in Wirklichkeit ist der Säulengang sehr kurz und die Statue ziemlich klein. Wenn der Staatsrat nicht tagt, sind die Räume für Besucher geöffnet. Hauptattraktion des Palastes ist jedoch die **Galleria Spada**, eine kleine, aber wertvolle Privatsammlung, die von Kardinal Spada angelegt und von nachfolgenden Generationen erweitert wurde. Zu der Sammlung gehören Tizians unvollendetes *Porträt eines Musikers* und Andrea del Sartos *Heimsuchung Mariä*. Die besten Gemälde in Saal III sind eine *Landschaft mit Windmühlen* von Jan Brueghel d. Ä. und ein *Kardinalsporträt* von Rubens.
🕓 Mo–So 9–13.30 Uhr; Eintrittsgebühr.

◆
PALAZZO VENEZIA
Via del Plebiscito 118
Papst Paul II., der aus Venedig stammte, erbaute diesen ersten, großen Renaissance-Palast Roms, der 1564 von der Kirche der venezianischen Botschaft zur Verfügung gestellt wurde. Der Papst war ein passionierter Kunstsammler und füllte sein Haus mit Gold- und Silbergegenständen, Wandteppichen und Brokaten. Daher ist es nur passend, daß das **Museo Nazionale di Palazzo Venezia** heute hauptsächlich der Kunst und dem Kunsthandwerk des Mittelalters und der Renaissance gewidmet ist. Es gibt eine Menge schöner Werke, zum Beispiel einen *Frauenkopf* von Niccolò Pisano und *Szenen aus dem Leben des hl. Hieronymus* von Mino da Fiesole. Die Papstwohnung ist heute völlig im früheren Stil restauriert. In den Zeiten des italienischen Faschismus hatte sich hier in der *Sala del Mappamondo* Mussolini ein Arbeitszimmer einrichten lassen. Neben der Kirche San Marco kommt man in den sehenswerten Innenhof.
🕓 täglich 9–14, Fei 9–13 Uhr; Eintrittsgebühr.

AUSFLÜGE VON ROM

CASTEL GANDOLFO
Latium, 25 km
Die Sommerresidenz des Papstes bietet einen Blick auf den Albaner See inmitten der sanft gewellten Albaner Berge. Der Palast wurde 1624 für Urban VIII. gebaut und seither von den meisten Päpsten bewohnt. Im rückwärtigen Teil ist seit 1936 das Teleskop der päpstlichen Sternwarte installiert. Palast und Garten können nicht besichtigt werden. Angeblich wurde Castel Gandolfo auf den Ruinen der Stadt Alba Longa errichtet, die Askanius, der Sohn des Aeneas, als Hauptstadt gegründet haben soll. Sie wurde dann im Krieg mit Rom zerstört und nicht wieder aufgebaut.

CERVETERI
Latium, 46 km
Das ehemalige Caere war eine wohlhabende und mächtige etruskische Stadt. Bauliche Überreste sind kaum vorhanden, aber die Ausgrabungen in der Totenstadt brachten viele der Kunstschätze zum Vorschein, die heute in der Villa Giulia in Rom (s. S. 59) zu sehen sind. Der Grabbezirk liegt ca. 1,5 km außerhalb des Dorfes. Pflasterstraßen führen zwischen den *Tumuli* genannten Gräbern (6. Jh. v. Chr.) hindurch; einige weisen noch Überreste der ursprünglichen Bemalung auf. Für einen Rundgang durch die **Necropoli della Banditaccia**, wie die Totenstadt genannt wird, braucht man etwa zwei Stunden.

AUSFLÜGE VON ROM

Für die Besichtigung des besonders eindrucksvollen Grabes, der *Tomba dei Rilievi*, muß man in der Villa Giulia eine Genehmigung einholen.

◆◆
FRASCATI
Latium, 14 km
Dieses Landstädtchen ist nicht nur wegen seiner erlesenen Weine bekannt, sondern auch wegen seiner Landgüter; wenn Sie diese **Castelli Romani** in der Nähe Roms besichtigen wollen, ist Frascati das ideale Ziel für einen Tagesausflug. Sicher werden Sie auch zwei Patriziervillen besichtigen: Die **Villa Torlonia** (heute öffentlicher Park) und die **Villa Aldobrandini**, die 1598 bis 1604 für Kardinal Aldobrandini, den Neffen Papst Clemens' VII., erbaut wurde. Hier hat man von der Terrasse aus einen phantastischen Blick. Der wichtigste Platz der Stadt ist die **Piazza Marconi**. Auch die verfallene Stadt **Tusculum**, wo Cicero einst eine Villa besaß, lohnt einen Besuch.

◆
GENZANO DI ROMA
Latium, 30 km
Von Genzano aus besucht man den Nemi-See, der im Altertum „Spiegel der Diana" genannt wurde. In einem kleinen Museum am Seeufer sind die Überreste zweier römischer Schiffe zu sehen, die Caligula 37 n. Chr. bauen ließ und anläßlich von feierlich inszenierten Seeschlachten einsetzte. An den bewaldeten Hängen, die bis zum See hinunterreichen, gibt es im Frühling wilde Erdbeeren in Hülle und Fülle. Sie sind heute genauso beliebt wie schon zu Zeiten Neros.

◆
GROTTAFERRATA
Latium, 23 km
Dieser Ort verdankt seine Beliebtheit einer Klosterkirche, die einst ein Zentrum der Gelehrsamkeit war; ihre Anfänge gehen auf das Jahr 1004 zurück. Giuliano della Rovere, späterer Papst Julius II., war hier Klostervorsteher. Es gibt ein kleines Museum mit einer Sammlung seltener griechischer Handschriften und einer griechischen Stele aus dem 5.Jh.– Die Kirche Santa Maria hat einen Glockenturm aus dem 12.Jh. – Die Fresken in der Cappella San Nilo stammen von Domenichino.

◆◆
LAGO DI BRACCIANO
Latium, 39 km
Der See füllt einen Vulkankrater in den Sabiner Bergen nordwestlich von Rom. An seinem Ufer haben sich zahlreiche Segelklubs niedergelassen, auch gibt es viele Lokale, die fangfrischen Fisch direkt aus dem See anbieten. Man kann unter Pinien und Olivenbäumen Picknick machen oder sich im Wasser tummeln. Die Stadt Bracciano wurde berühmt durch das Castello Orsini, eine der großartigsten Feudalburgen der Renaissance in Latium. Die Familie Orsini hat sie 1470 bis 1485 gebaut. Zahlreiche Säle sind noch mit den originalen Fresken ausgestattet; außerdem gibt es Jagdtrophäen, Turnierrüstungen, Familienerbstücke u. a. zu sehen.

◆◆◆
OSTIA ANTICA
Latium, 28 km
Roms alter Hafen Ostia ist eines der beliebtesten Ausflugsziele.

AUSFLÜGE VON ROM

Ruinen des alten Hafens im nahegelegenen Ostia Antica

Die Ruinen geben heute noch einen Eindruck vom städtischen Alltagsleben bis zum Ende des 2.Jh.s, als der Wohlstand der Stadt allmählich sank. Überfälle der Barbaren sowie eine Malaria-Epidemie bedeuteten schließlich das Ende Roms. Der Sand, der die Ruinen bedeckte, hat zu ihrer Erhaltung beigetragen. Auf der Hauptstraße, dem Decumanus Maximus, kann man auf den Pflastersteinen noch heute die alten Spuren der Wagenräder erkennen. Wie auch in Pompeji, sieht man in vielen Häusern noch den ursprünglichen Fußboden mit Mosaiken oder farbigem Marmor. – Das *Thermopolium*, ein altes römisches Trinklokal, hat eine marmorne Theke. – Einige der interessantesten Objekte, die bei Ausgrabungen entdeckt wurden, sind in einem kleinen Museum ausgestellt, dessen Öffnungszeiten allerdings unterschiedlich sind. Im Sommer finden in dem alten Theater Freilichtveranstaltungen statt.

◆
PALESTRINA
Latium, 38 km
An dieser Stelle lag in homerischer Zeit das antike Praeneste. Es war schon im 7. Jh. v. Chr. ein blühendes etruskisches Gemeinwesen. Seit dem 6. Jh. v. Chr. gab es hier einen Fortuna-Tempel. Der riesige Komplex wurde im 2. Jh. v. Chr. von den Römern an der Hangseite terrassenförmig auf acht Ebenen wiederaufgebaut. Inmitten der Ruinen errichtete die Familie Colonna einen Palast, in dem heute das **Archäologische Museum** (Museo Nazionale Archeologico Prenestino) untergebracht ist. Sein bekanntester Teil ist ein wunderschönes Mosaik mit einer Darstellung der Nilüberschwemmung, das wahrscheinlich den Fußboden der Sala Absidiata an der Piazza Regina Margherita zierte.

AUSFLÜGE VON ROM

◆◆◆
TIVOLI
Latium, 31 km

Die Ruinen der Villa Hadrians und die Gärten der Villa d'Este machen Tivoli zweifellos zum beliebtesten Ausflugsziel. Viele reiche Römer bauten hier ihre Sommerhäuser. Hadrians Villa war das schönste von allen. Er ließ sie im 2. Jh. errichten und dabei diejenigen Stätten nachempfinden, die ihn auf seinen Reisen am meisten beeindruckt hatten: Die Säulenhalle, die Stoa Poikile (Picile) in Athen, und den Kanal und Tempel des Serapis, die er in Ägypten gesehen hatte. Hadrian starb kurze Zeit nach der Vollendung dieser prachtvollen Residenz. Im Verlauf der Jahrhunderte wurden die wunderschönen Marmorarbeiten und Plastiken geplündert, aber die Stätte erinnert noch heute an die einstige Pracht. Kardinal Ippolito d'Este nutzte das Bauwerk bedenkenlos als Steinbruch für seine eigene Villa. Sie wurde 1550 erbaut, und ihre Gartenanlagen mit zahllosen Brunnen und Wasserspielen sind heute wohl genauso bekannt wie damals, auch wenn vom Orgelbrunnen keine Musik mehr erklingt und der Eulenbrunnen keine Vogelstimme mehr imitiert.

Franz Liszt ließ sich hier zu seinem bekannten vorimpressionistischen Klavierstück „Die Wasserspiele der Villa d'Este" inspirieren.

Die Gartenanlagen der Villa d'Este in Tivoli

NATUR

Landschaft, Tier- und Pflanzenwelt in der Umgebung Roms

Viele Besucher Roms werden das Bedürfnis verspüren, der Großstadt einmal zu entfliehen und die ländliche Umgebung kennenzulernen. Landwirtschaftlich genutzte Gebiete, von Sträuchern bewachsene Hänge und historische Stätten liegen nicht weit von der Stadt entfernt und sind auch von naturkundlichem Interesse. Wer etwas mehr Aufwand nicht scheut und ein Auto zur Verfügung hat, kann auch Tagesausflüge zu einigen Parks, Natur- und Tierschutzgebieten unternehmen.

Der Grüne Bläuling gehört zu den farbenfrohen Insekten der Gegend

Eine Fahrt ins Landesinnere führt beispielsweise zum Abruzzen-Nationalpark mit seiner atemberaubenden Bergkulisse und seinem Reichtum an alpiner Fauna und Flora. Wer lieber den Weg entlang der Küste nimmt, kommt in Richtung Süden zum Circeo-Nationalpark oder nördlich von Rom zu weiteren Naturparks. Hier kann man heute noch die nahezu unberührte Natur dieser landschaftlich sehr reizvollen Gegend kennenlernen.

Circeo Nationalpark

Weniger als 100 km südlich von Rom gelegen, umfaßt der Park eine schöne italienische Küstenlandschaft. Die Gegend ist durch ihren Status als Nationalpark vor der baulichen Erschließung zwar geschützt, doch wirkt sich der starke Besucherandrang nachteilig aus.
Trotz ihrer Beliebtheit bieten Seen, Teiche, Strände, Wälder und mediterrane Macchia noch eine reiche Tier- und Pflanzenwelt. Ruhige Stellen findet man überall entlang der Wege und Pfade des Parks oder auf der Insel Zannone, die zum Pontinischen Archipel gehört. Der Circeo-Park ist aber auch archäologisch interessant wegen seiner Ruinen aus prähistorischer und römischer Zeit.
Strände und Dünen sind von Küstenpflanzen bewachsen, wie dem unverkennbaren Meerfenchel mit seinen vielstrahligen gelbgrünen Blütendolden, während man landeinwärts die typisch mediterrane Macchia-Vegetation findet: wohlriechende Pflanzen wie Thymian, Rosmarin und Wacholder neben Zistrosen, Ginster und Zwergfächerpalmen. Die Blumen ziehen Schwärmer, Maikäfer und eine Fülle von Schmetterlingen an.
Auf unebenem, steinigem Gelände kann man während der Sommermonate die flinken Smaragd- und Mauereidechsen beobachten. In Seen und Sümpfen sind übers ganze Jahr Vögel zu Hause.

NATUR

Auf der Suche nach Nahrung waten Stelzenläufer durch das tiefe Wasser

Im Frühjahr und Sommer sind es besonders Brachschwalben, Seidenreiher, Stelzenläufer, Säbelschnäbler, Löffelreiher und Watzugvögel wie Kampfläufer, Bruchwasserläufer und Teichwasserläufer. Verschiedene Seeschwalben- und Möwenarten finden sich gelegentlich ein. Im Winter bevölkern Wildgeflügel und Wasserhühner den Park. In den Wäldern aus Steineichen, Korkeichen, Zerreichen, Eschen und Ahornbäumen leben Wildschweine, Rehe, Baummarder, Steinmarder und aus Indien eingeführte Mungos. Pirole mit ihren flötenden Stimmen bringen den Besuchern im Frühling ein Ständchen, und Buntspechte suchen Äste und Stämme nach Insekten ab. In der dichten Macchia-Vegetation im Schutze der Bäume findet man Samtkopfgrasmücken, Würger und wilde Kanarienvögel. Erdbeerbäume und Heidekraut gedeihen in sonnigen Lichtungen neben seltenen Orchideen.

Abruzzen-Nationalpark
Der Apennin beherrscht Mittelitalien und bildet eine Art Rückgrat für das Land. Obwohl die Natur in dieser zerklüfteten Region im Laufe der Jahrhunderte erhebliche Eingriffe hinnehmen mußte, ist der Landstrich, in dem der Nationalpark liegt, weitgehend unberührt geblieben. Phantastische Berge, Buchen- und Kiefernwälder, farbenprächtige Bergwiesen, rauschende Bäche und Kalksteinhöhlen machen die Gegend zum anziehendsten Reiseziel Mittelitaliens. Der Park ist nur etwa 100 km von Rom entfernt, und bietet sich deshalb als Tagesziel an. Wenn sich aber der Besuch lohnen soll, ist es besser, mindestens eine Übernachtung einzuplanen, um noch genügend Zeit für eine ausgedehnte Wanderung zu haben. Oberhalb der Baumgrenze trifft man auf Geröllhalden, aber auch auf Bergwiesen, die im Frühling und Sommer einen farbenprächtigen Anblick bieten. Es gibt dort Bärentrauben, Heidelbeeren, Schneeball, Enzian

NATUR

und Steinbrech im Überfluß. Trotz der Höhe trifft man hier auch auf einige Schmetterlingsarten. Daneben sind im Hochland Alpendohle, Steinhuhn, Steinrötel, Alpenbraunelle, Wasserpieper und Schneefink zu Hause. Die relativ saftigen Bergwiesen bevölkern auch zahlreiche Gemsen. Diese grazilen und geschickten Tiere bewegen sich ähnlich wie die Ziegen noch in unwegsamstem Gelände mit geradezu akrobatischer Perfektion. Sie sind so an den Anblick von Menschen gewöhnt, daß man sie aus nächster Nähe beobachten kann. Junge oder kranke Gemsen werden gelegentlich Opfer der Steinadler oder der wenigen verbliebenen Wölfe. Diese gehören genau wie die Gemsen einer Unterart ihrer Gattung an, die nur im Apennin existiert und sich von den anderen europäischen Arten unterscheidet.

Die bewaldeten Hänge der Abruzzen haben einen großen Bestand an Buchen, Eschen, Stechpalmen und Ahornbäumen. Die Laubdecke ist im allgemeinen dicht, doch an lichten Stellen gedeihen auch Stinkende Nieswurz und Orchideen. In den Wäldern leben einige wenige europäische Braunbären sowie Hirsche, Rehe, Wildkatzen und Steinmarder.

Unter den Spechten finden sich Buntspechte und Mittelspechte. Bei genauerem Hinsehen werden Sie jedoch feststellen, daß es sich um einen der Weißrückenspechte des Parks handelt, eine besonders seltene europäische Spechtart.

Orbetello und Monte Argentario

Das Naturschutzgebiet Orbetello untersteht dem World Wildlife Fund for Nature. Es umfaßt einen Teil des Sandwalls und der gezeitenabhängigen Lagune, die den Monte Argentario mit dem italienischen Festland verbinden. Der Zugang zu diesem Naturschutzgebiet ist auf bestimmte Tages- und Wochenzeiten beschränkt.

Wenn Sie nicht einfach aufs Geratewohl losfahren wollen – das Gebiet liegt immerhin 162 km nordwestlich von Rom –, ist es sinnvoll, sich im voraus beim WWF zu erkundigen. Doch einen großen Teil der Umgebung, die von Dünen, Sümpfen, Feldern und Waldlandschaften geprägt ist, kann man auch von Straßen und Wanderwegen aus erkunden.

Im Frühling ist die Gegend Treffpunkt für viele Wandervögel, die auf ihrem Weg aus noch südlicheren Zonen hier nur Zwischenstation machen. Einige Arten lassen sich aber

Buntspecht

NATUR

auch zum Nisten nieder; dazu gehören Stelzenläufer, Bienenfresser, Kiebitz, Häherkuckuck, Wiesenweihe und die heimischen Arten, wie Seeregenpfeifer, Triel und Samtkopfgrasmücke.
Die Vielfalt der Wasserzugvögel ist mitunter verblüffend: Knäkente, Bruchwasserläufer, Teichwasserläufer, Säbelschnäbler, Seidenreiher und verschiedene Seeschwalben – und im Winter beleben Silberreiher und eine Menge Wildgeflügel wie Spießente, Krickente, Brandente und Graugans die Landschaft.

Maremma

Eine kurze Wegstrecke nördlich des Orbetello-Naturparks liegt in der Toskana, nahe der Stadt Grosseto, der Maremma-Park. Dieser Zufluchtsort ist bisher von der Bebauung verschont geblieben, die bereits große Teile der italienischen Küste verändert hat. Der Eintritt ist nur an Wochenenden und Feiertagen gestattet, und da die Besucherzahl streng begrenzt wird, ist die Natur in diesem Gebiet noch weitgehend ursprünglich. Entlang der Küste kann man in den Sanddünen die Strandvegetation erkunden, ungewöhnliche Pflanzen entdecken oder nach Vögeln Ausschau halten wie z. B. dem Seeregenpfeifer. In den Sümpfen und Entwässerungsgräben leben Fische, aber auch Amphibien wie Wasserfrösche und Laubfrösche. Sie dienen Ringelnattern, Reihern und Silberreihern als Nahrung.
Landeinwärts wächst die mittelmeerische Macchia mit Steineichen, Korkeichen und Kiefern. Im Unterholz stehen Baumheide, Zistrosen, Ginster und Erdbeerbäume. Verschiedene seltene Orchideen entfalten ihre Blüte bei Frühjahrsbeginn. Dies ist auch die beste Zeit, um Perleidechsen und Mauereidechsen zu beobachten. Wenn man geduldig und aufmerksam genug ist, bekommt man auch Wildschweine, Damwild, Baummarder, wilde Kanarienvögel, Wendehals, Wiedehopf und Schlangenadler zu Gesicht.

Naturschutzgebiet Lago di Burano

Der Lago di Burano liegt südlich der Orbetello-Halbinsel und der Maremma; er wurde vom World Wildlife Fund 1967 zum Schutzgebiet für überwinternde und durchziehende Wasservögel erklärt. Ein Brackwasser ist der Hauptanziehungspunkt für die Vögel, aber auch im umliegenden Schilf und in der Macchia gibt es ein reiches Tierleben. Ohne vorherige Vereinbarung ist der Zugang nicht im

In den Waldungen leben Wildschweine

NATUR

mer möglich. Ein Besuch sind allein schon der Naturlehrpfad und der Beobachtungsstand wert. Unter den Vögeln, die den Winter hier verbringen, sind Reiherenten, Pfeifenten, Tafelenten, Moorenten, Kolbenenten, Taucher und vereinzelt auch Flamingos und Löffelreiher. Im Frühling kommen Wiesenweihen, Zwergsumpfhühner, Drosselrohrsänger und Seidensänger ins Schilf. In den angrenzenden Waldungen und in der Macchia blühen im Frühjahr farbenprächtige Blumen. Bienenfresser jagen hoch oben nach Insekten und lassen ihren charakteristischen Ruf ertönen, Samtkopfgrasmücken singen im schützenden Gebüsch.

Vogelzug

Viele europäische Vögel verbringen den Sommer in ihren Nistgebieten und ziehen über den Winter gen Süden, nach Afrika. Das Mittelmeer ist auf ihrer Reise ein erhebliches Hindernis, und so wählen viele von ihnen den Weg über die italienische Halbinsel, um die Flugstrecke über dem offenen Meer zu verkürzen. Die Westküste Italiens ist im Frühjahr und im Herbst eine vertraute Route für die Zugvögel. Tausende überfliegen zwischen März und Mai und zwischen August und Oktober die Umgebung Roms. Oft zwingt sie schlechtes Wetter zur Rast. Sie ruhen sich dann aus und suchen nach Nahrung. Man muß sich vor Augen halten, daß jede Art auch einen bestimmten Lebensraum braucht. Im Bereich von Sümpfen und Seen sollte man daher nach Seeschwalben, Möwen, Watvögeln, Brachschwalben und Störchen Ausschau halten. Dagegen sind

Die Zahnzungenorchidee trägt ihren Namen zu recht

Bienenfresser, Rohrsänger, Blaukehlchen und Raubvögel auf dem Land anzutreffen. Den Vögeln wird mitunter übel mitgespielt, denn viele Italiener haben ihren Spaß daran, sie abzuschießen oder in Netzen zu fangen. Alle Arten sind dabei in Gefahr, ob Mönchsgrasmücke oder Wespenbussard. Noch ist es nicht gelungen, diesem sinnlosen Jagdtrieb Einhalt zu gebieten, trotz aller Bemühungen internationaler Organisationen, noch geht der alljährliche Vogelmord weiter.

Frühlingsblumen

Wie der größte Teil des Mittelmeerraumes, so ist auch die Umgebung Roms im Sommer heiß und trocken. Das zieht natürlich die Pflanzen in Mitleidenschaft, von denen viele im Sommer völlig austrocknen. Übrig bleiben verwelkte Stiele, an

NATUR

Eine schöne Schnepfenragwurz

denen oft die Schnecken kleben. Der Winter hingegen ist für die meisten wilden Blumen im italienischen Tiefland die Zeit des Wachstums. Sie erblühen zwischen Februar und Mai. Olivenhaine, Ackerland und steiniges Freiland sind für den Botaniker ergiebige Fundstellen. Gelbe Wucherblumen, Gladiolen, Narzissen und Disteln gedeihen reichlich. Für Besucher aus Ländern mit intensiver Landwirtschaft ist dies ein ungewohnter Anblick. Aus den buntgesprenkelten Wiesen hallen die unermüdlich wiederholten Rufe der Wachteln. In lichtem Gebiet wächst auf gut entwässertem Boden eine Vielfalt von Orchideen. Gerade im unwegsamen Gelände lohnt es sich immer, genauer hinzuschauen, denn hier kann man oft die aufregendsten Entdeckungen machen.

In der freien Natur

Der größte Teil der immergrünen Waldungen, die einst diese Landschaft bedeckten, ist seit langem verschwunden. Von einigen Parks, Naturschutzgebieten und privaten Landgütern abgesehen, hat sich das Gesicht der Landschaft durch Raubbau verändert. In vielen Gebieten ist daher sekundär eine ansprechende Form der Strauchvegetation entstanden. Diese, für den Mittelmeerraum typische Macchia wächst oft im Schatten vereinzelter Bäume. Der Lebensraum, so wie er sich heute darstellt, ist die Folge menschlicher Eingriffe in die ursprüngliche Vegetation – durch Weidewirtschaft, Abholzung und Urbarmachung des Landes. Doch haben sich Tiere und Pflanzen nach so langer Zeit an die veränderten Lebensbedingungen so stark angepaßt, daß sie sonst nirgendwo zu finden sind.

Erdbeerbäume, Baumheide, Ginster und Zistrose sind charakteristische Strauchgewächse in dieser Region. Der Boden darunter ist von mannigfaltigen, oft wohlriechenden Pflanzen bedeckt, wie z. B. Thymian, Rosmarin, Salbei und Myrte. Die flinken Smaragdeidechsen und Mauereidechsen ernähren sich von Heuschrecken und Grillen und werden ihrerseits wiederum von Ringelnattern gefressen. Die griechischen Landschildkröten sind dagegen ausgesprochene Pflanzenfresser. Es hat einen ganz besonderen Reiz, wenn man diese bezaubernden, tapsigen Kreaturen erstmals zu Gesicht bekommt.

Zu den charakteristischen Vögeln dieses Gebietes gehören Provencegrasmücke, Kurzzehenlerche, Kanarienvogel und Bienenfresser.

KULINARISCHES

Restaurants

In Rom können Sie ausgezeichnetes italienisches Essen erwarten, und die Römer schätzen die eigene Küche über alles.
Der römische Speisezettel reicht von der einfachen bäuerlichen Küche mit Zutaten wie Kichererbsen, Stockfisch, Kutteln, Bries und Teigwaren bis hin zu Delikatessen wie *abbacchio* (Milchlamm mit Salbei, Knoblauch und Rosmarin) oder *capretto al forno* (gebratenes Zicklein). Andere römische Spezialitäten sind *carciofi alla giudea* (zarte kleine Artischocken, fritiert in Olivenöl und Zitronensaft, die wie geöffnete Blüten aussehen), *stracciatella* (eine klare Brühe mit geschlagenem Ei und geriebenem Parmesan), *saltimbocca alla Romana* (Kalbsschnitzel mit Salbei und Schinken) und *piselli al prosciutto* (Erbsen, gedünstet mit Parmaschinken).
Die Einheimischen ziehen ein gutes Essen den meisten anderen Arten der Unterhaltung vor. Wenn Sie nicht viel Zeit und Geld investieren möchten, können Sie Ihren Hunger auch mit einer knusprigen Pizzaportion aus dem Holzkohlenofen stillen. Aber aufgepaßt, die Pizzerien haben häufig in der Mittagszeit geschlossen. Dann läßt sich immer noch eine „tavola calda", die italienische Imbißstube finden, oder Sie essen ein *panino* (belegtes Brötchen) oder *tramezzino* (belegter entrindeter Toast, diagonal zusammengeklappt) in einer Bar. Beim Restaurantbesuch aber sollten Sie berücksichtigen, daß es nicht üblich ist, sich mit einem Teller Pasta und einem Salat zu begnügen. Essen Sie lieber wie die Römer und beginnen Sie mit den *antipasti*. Der Kellner hilft ihnen, Ihre Auswahl von Vorspeisen am Buffet zusammenzustellen. Danach folgt der erste Gang *(primo)*, eine Suppe *(minestra)*, eine Bouillon mit Teigwaren *(pasta in brodo)* oder *pasta asciutta* (Spaghetti, Tagliatelle usw.).
Unter den vielen Spaghetti-Variationen sind *spaghetti alla carbonara* (Spaghetti mit Speck, Eiern, Sahne, Parmesan und schwarzem Pfeffer) und *spaghetti all'Amatriciana* (Spaghetti mit Tomaten, Speck, Zwiebeln und Pecorino) römische Spezialitäten. Dann folgt das Hauptgericht *(secondo piatto)*. Es gibt in Rom einige sehr gute Lokale, die auf Meeresfrüchte *(frutti di mare)* spezialisiert sind, doch ganz gleich, ob Sie frischen oder tiefgefrorenen Fisch wählen, Sie müssen auf eine hohe Rechnung gefaßt sein. Typisch römische Gerichte verwenden häufig Innereien, aber sie können auch andere mittelitalienische Spezialitäten wie *bollito misto* (verschiedene zarte Fleischsorten, in Brühe gegart) oder *vitello tonnato* (Kalbfleisch in leichter Thunfischsauce) versuchen. Gemüsebeilagen werden extra bestellt.
Ein ausgiebiges Mahl runden die Römer mit einer leichten Nachspeise ab – meist mit frischem Obst oder einer *macedonia* (Obstsalat). Auch frischer Käse ist beliebt – etwa *ricotta* (Quark aus Schafsmilch), mit Zucker bestreut, oder kleine Portionen *mozzarella* – der beste ist aus Büffelmilch. Auch Eiskrem *(gelato)* ist ein beliebtes Dessert. Das beste Eis wird aus Eiern, Milch, Sahne, Zucker und frischem Obst hergestellt.

KULINARISCHES

Giolitti ist einbesonderer Tip unter den Eisdielen Roms

Am besten probiert man es in einer *gelateria*, die es überall in der Stadt gibt. Bei den anspruchsvollen Römern gilt die **Bar San Filippo** als besonderer Tip. Sie liegt versteckt in der Via di Villa San Filippo 8, im schicken Stadtteil Parioli. Doch auch **Giolitti**, Via Uffici del Vicario 40, hat seine Anhänger. Wachsender Beliebtheit erfreut sich die moderne **Gelateria della Palma**, Via della Maddalena 20–23, wo man unter über 100 Geschmacksvariationen auswählen kann. Auch die *semifreddi* (Halbgefrorenes) und *cremolati* sind nicht zu verachten. Auf Espresso haben sich einige Cafés spezialisiert. Zu den besten gehört der Espresso in der Bar **Tazza d'Oro**, Via Degli Orfani 84, wo rings an den Wänden offene Säcke voller Kaffeebohnen stehen. **Sant'Eustachio**, Piazza Sant'Eustachio 82, bereitet einen ausgezeichneten Cappuccino. In Rom, wie auch anderswo in Italien, bezahlt man mehr, wenn man sich den Kaffee am Tisch servieren läßt, als wenn man ihn an der Bar im Stehen trinkt.

Die Römer bevorzugen ein Menü à la carte. Dies bedeutet aber nicht, daß es keine festen Gedecke gibt – schauen Sie nach *menu turistico* oder *prezzo fisso*, ein Menü, bei dem manchmal sogar der Wein inbegriffen ist. In Restaurants, die à la carte servieren, muß man mit einem Grundpreis für das Gedeck und für das Brot *(pane e coperto)* rechnen. Auch wenn die Bedienung (*servizio;* normalerweise 15%) im Preise inbegriffen ist, erwartet der Kellner ein Trinkgeld von ca. 10% zusätzlich. Es gibt buchstäblich Tausende von Restaurants in Rom, für jeden Stil und für jeden Geldbeutel.

KULINARISCHES

In einem Restaurant der Mittelklasse müssen Sie bei einem Essen für zwei Personen mit 60 000 bis 70 000 Lire rechnen. Nach oben kann es um ein Mehrfaches teurer werden. Theoretisch gesehen ist ein *ristorante* ein Restaurant, eine *trattoria* ist ein einfacheres Lokal und eine *osteria (hostaria)* ist noch einfacher. Die Praxis bestätigt dies heute nicht mehr unbedingt. Die Hostaria dell'Orso z. B. ist berühmt und erlesen. Weil das Essengehen ein wichtiger Bestandteil römischen Lebens ist, gibt es keine bestimmten Gegenden für gute Restaurants. Empfehlenswert ist jedoch Trastevere, wo die meisten Speiselokale zwischen April und Oktober über Tische im Freien verfügen, wo Sie nach römischer Sitte *al fresco* essen können.

Römische Spezialitäten

Zu den besten Restaurants mit römischen Spezialitäten im Stadtteil Trastevere gehört u. a. **Comparone**, Piazza in Piscinula 47 (Tel. 5 81 62 49), wo traditionelle Gerichte aus Hirn, Bries, Leber und Kutteln serviert werden, doch auch Grillgerichte für die Vorsichtigeren; **Sabatini**, Piazza Santa Maria in Trastevere 13 (Tel. 58 20 26), ist bekannt für traditionelle Gerichte und Fisch. Es ist ein beliebtes Eßlokal, und wenn Sie keinen Einlaß finden, weil es überfüllt ist oder weil Ruhetag ist (Mittwoch), dann versuchen Sie die neuere Filiale, **Sabatini II**, Vicolo Santa Maria in Trastevere 18 (Tel. 5 81 83 07), die am Dienstag geschlossen hält. **Romolo**, Via Porta Settimiana 8 (Tel. 58 82 84), bietet in einer historischen Umgebung eine reiche Auswahl an Fleisch- und Nudelgerichten; im Sommer bevorzugen die meisten Gäste den romantischen Garten, der von der Aurelianischen Mauer begrenzt wird und wo schon Raffael mit der Bäckerstochter flirtete. In dieser Gegend ist auch die **Taverna Trilussa**, Via del Politeama (Tel. 5 81 89 18), eine gute Adresse. **Checco er Carettiere**, Via Benedetta 10 (Tel. 5 81 70 18), bietet eine reiche Auswahl an Fischgerichten. Bei **Meo Patacca**, Piazza de'Mercanti 30 (Tel. 5 81 61 98), werden zum Essen römische Folklore und Musik geboten.
In der Nähe des Kolosseums ist **Da Domenico**, Via di San Giovanni in Laterano 134 (Tel. 73 47 74), eine Trattoria mit vielen Stammgästen. Im Süden, in der Nähe des Protestantischen Friedhofs, können Sie im traditionellen Restaurant **Checchino**, Via Monte Testaccio 30 (Tel. 5 74 63 18), gegenüber vom ehemaligen Schlachthof, die römische Küche von ihrer deftigsten Seite kennenlernen; die gebratenen Innereien sind eine Delikatesse. Im Norden Roms gibt es bei **Dai Toscani**, Via Forli 41 (Tel. 8 83 13 02), eine Vielfalt toskanischer und römischer Vorspeisen.

Spezialitäten anderer Regionen

In Rom gibt es neben der römischen natürlich auch die Küche anderer italienischer Regionen, vor allem die toskanische und venezianische Küche. Ein besonders geschätztes, aber teures Restaurant im Herzen Roms ist **El Toulà**, Via della Lupa 29b (Tel. 6 87 34 98), wo in einer eleganten Umgebung der Akzent auf venezianischen Spezialitä-

KULINARISCHES

Sabatini mit seiner typisch römischen Fassade ist ein bekanntes Restaurant mit römischen Spezialitäten

ten liegt. Nicht nur der Service ist hier tadellos, hier verkehrt auch die Prominenz. Bei **Mario**, Via della Vite 55 (Tel. 6 78 38 18), dessen feine toskanische Küche auf Wild spezialisiert ist, herrscht immer Betrieb. **Alfredo alla Scrofa**, Viale della Scrofa 104 (Tel. 6 54 38 18), im Zentrum der Stadt, servierte als erstes Lokal die Pastaspezialität *fettuccine*. Ebenfalls im Zentrum ist **La Fontanella**, Largo Fontanella Borghese 86 (Tel. 6 78 38 49), für seine Grillgerichte bekannt. Die Küche der Abruzzen findet man im **Abruzzi**, Via del Vaccaro (Tel. 6 79 38 97), nahe der Piazza Venezia. Hier sollten Sie Thunfisch probieren. **Monte Arci**, nicht weit vom Hauptbahnhof, in der Via Castelfidardo 33 (Tel. 4 94 13 47), serviert sardische Spezialitäten. Das beste sardische Essen, wie z. B. Spanferkel mit Myrte, erhalten Sie im **Il Drappo**, Vicolo del Malpasso 9 (Tel. 6 87 73 65). Im hellerleuchteten **Elettra**, Via Principe Amadeo, gegenüber dem Bahnhof, kann man *bucatini alla capricciosa* oder auch *vitello all'abruzzese* probieren.

Meeresfrüchte

Meeresfrüchte stehen fast überall auf der Speisekarte, sie sind aber zumeist recht teuer. Diejenigen Lokale, die auf Meeresfrüchte spezialisiert sind, gehören zur Kategorie der Luxusrestaurants.
Als Prominenter sind Sie gut geschützt hinter den Panzerglasscheiben von Roms derzeit bestem Fischlokal in Trastevere, **Alberto Ciarla**, Piazza San Cosimato 40 (Tel. 5 81 86 68). Auch **La Rosetta**, Via della Rosetta 9 (Tel. 6 56 10 02), Nähe Pantheon, ist hervorragend. Meeresfrüchte stehen ebenfalls bei **L'Orca**, Via GC Santini 12 (Tel. 5 89 13 01), und bei **Cencia**, Via della Lungaretta 67 (Tel. 58 26 70), auf der Speisekarte. Ferner ist **Gino**, Via della Lungaretta (Tel. 5 80 34 03), zwar nicht ganz billig, aber für Fisch und Meeresfrüchte berühmt; zum Essen sorgt Musik für entsprechendes Flair und im Sommer kann man im Garten sitzen. **Pinciana**, Via Sardegna 34 (Tel. 6 79 50 69), nahe der Via Veneto, bietet täglich frischen Fisch, desgleichen das zentral gelegene Lokal **L'Angelotto**, Piazza Rondanini 51 (Tel. 6 86 12 03) oder **Al Presidente**, Via in Arcione 94 (Tel. 6 79 73 42).

KULINARISCHES

Internationale Küche
Das Selbstbewußtsein der italienischen Köche ist so hoch, daß sich eine farblose internationale Küche – wie in so vielen nördlichen Ländern – nie durchsetzen konnte. Auch elegante Restaurants wie das **Sans Souci**, Via Sicilia 20 (Tel. 4 82 18 14), nahe der Via Vittorio Veneto, schöpfen aus dem Fundus italienischer Kochkunst. **Passetto**, Via Zanardelli 14 (Tel. 6 54 05 69), im historischen Zentrum gelegen, hat ebenfalls eine reiche Auswahl und bietet für jeden etwas. In der **Basilica Ulpia**, Via del Foro di Traiano 2 (Tel. 6 79 62 71), inmitten der Ruinen des Trajansmarktes, ist es nicht gerade billig.

Fremdländische Küchen
Für uns ist in Rom natürlich vor allem die römische Küche interessant. Es hat aber auch seinen eigenen Reiz, beispielsweise bei **Ranieri**, Via Mario dei Fiori 26 (Tel. 6 79 15 92), nahe der Piazza di Spagna, zu essen. Es wurde 1865 von einem Neapolitaner gegründet, der für Königin Viktoria und später für Maximilians Ehefrau Charlotte kochte. Die elegante Umgebung mit altertümlichem Charme gibt Speisen wie *Crêpes alla Ranieri, Gnocchetti Parisienne* und *Tournedos Henry IV* eine französische und fürstliche Note. Einen angenehmen Abend bei französischem Essen und Musikshow kann man im **Cabanon**, Vicolo della Luce 4 (Tel. 5 81 81 06), in Trastevere, verbringen. **Charly's Sauciere**, Via di San Giovanni in Laterano (Tel. 73 66 66), verdient wegen seiner Fondues, Zwiebelsuppen und Käsesoufflés Erwähnung. Das Lokal liegt zwischen Basilika und Kolosseum. – Bei der römischen Jugend ist zur Zeit chinesisches Essen in. Im **Golden Crown**, Via in Arcione 85 (Tel. 6 78 34 06), gibt es empfehlenswertes kantonesisches Essen. Ein weiterer Tip ist das **Hong Kong**, Via Monterone 14 (Tel. 6 54 16 87). Will man in romantischer Atmosphäre bei Kerzenlicht speisen, dann ist **Thien Kim**, Via Giulia 201 (Tel. 6 54 78 32), die richtige Adresse. Zu den vietnamesischen Delikatessen gehören Fondue und Ente mit Kräutern.
Die **Taverna Negma** schließlich, Borgo Vittorio 92 (Tel. 6 56 51 43), ist ein arabisches Lokal, das traditionellen Couscous serviert. Und vegetarisches Essen gibt's im **Margutta Vegetariano**, Via Margutta 119 (Tel. 6 78 63 33).

Für den schmalen Geldbeutel
Wenn Sie nicht gerade Fisch bestellen, wird die Rechnung bei **Vincenzo**, Via Castelfidardo 6 (Tel. 4 84 45 96), nicht allzu hoch ausfallen. **Città d'Oro**, Via Nomentana 79 (Tel. 85 50 01), ist ein billiges chinesisches Restaurant. In der Nähe des Pantheons können sie im freundlichen **Lo Stregone**, Via dei Coronari 139 (Tel. 6 56 87 93), gut und preiswert essen. In der Nähe des Petersdoms serviert **Il Colonnato**, Piazza Sant'Ufficio 7, preiswertes Frühstück und Mittagessen.

Bars
In Rom sucht man eine Bar nicht nur auf, um etwas zu trinken, hier kann man auch, je nach Lokalität, Kleinigkeiten essen, Zigaretten kaufen und telefonieren. Die Bars sind allgemeine Treffpunkte, wo man die Ta-

KULINARISCHES

gesneuigkeiten austauscht und wo es auch vorkommt, daß man Kleinkinder mit ihrem Glas Milch neben älteren Gästen sieht.
In jedem noch so winzigen Betrieb wird Kaffee serviert, aber unter den größeren Lokalen sind einige auch auf Eis spezialisiert oder verfügen sogar über ein Restaurant.
An der Theke ist es zwar billiger, doch wenn Ihre Beine museumsmüde sind, bezahlen Sie sicher gerne etwas mehr für eine Sitzgelegenheit. Es ist üblich, zuerst an der Kasse *(cassa)* zu bestellen und zu bezahlen; mit dem Bon verlangen Sie dann anschließend Ihre Bestellung an der Theke.
Die Römer sind im allgemeinen keine großen Biertrinker und dementsprechend mögen nicht alle Deutschen das italienische Bier; sie bestellen lieber einen der Weine aus der näheren Umgebung Roms, etwa ein Glas Castelli Romani, Frascati, Marino, Colli Albani oder Velletri – leichte Weine, die jung getrunken werden. Die trockenen römischen Weine bilden einen angenehmen Kontrast zur stark gewürzten römischen Küche.
Ein *vino di casa sfuso*, ein offener Wein, der im Krug oder in der Karaffe serviert wird, enttäuscht nie.
Der klassische Aperitif ist der Wermut – rot oder weiß, trocken oder lieblich – mit Eis und Zitronenschalen oder ein Campari mit Sodawasser oder Orangensaft. Bittere Aperitifs wie *Punt e Mes* oder *amaro* sind in Italien ebenfalls sehr beliebt. Sie regen den Appetit an und beugen dem Kater vor – der Sie aber in Frieden läßt, wenn Sie wie die Einheimischen nur zum Essen trinken.

Bierlokale
Albrecht, Via F. Crispi 39 (Tel. 6 79 87 67)
Birreria Bavarese, Via Vittoria 47 (Tel. 6 79 03 83)
MEC, Piazza Capranica 76 (Tel. 6 79 39 77)
Birreria del West, Piazzale Marconi 32 (EUR); (Tel. 5 91 14 58)
Birreria Marconi, Via S. Prassede 9c (Tel. 48 66 36)
Birreria Viennese, Via della Croce 21 (Tel. 6 79 55 60)
Cantina Tirolese, Via Vitelleschi 23 (Tel. 6 56 99 94)
SS Apostoli, Piazza SS Apostoli 52 (Tel. 6 78 90 32)

Cafés (Bars)
Im prachtvollen **Allemagna**, Via del Corso 181 (Tel. 6 79 28 87), sind die Wände verspiegelt und die Kronleuchter vergoldet. Es ist groß, viel besucht und zentral. Die Auswahl an Milchmixgetränken *(frullati)* ist genauso groß wie die an Alkoholika.
Das **Café de Paris**, Via Vittorio Veneto 90, hat von seinem früheren Schick etwas verloren. Es hat eine Klimaanlage, die Bedienung ist gut, und es gibt eine reiche Auswahl an warmen und kalten Snacks.
Im **Doney** gegenüber, Via Vittorio Veneto 145, treffen Sie elegante Ladies mit ihren graumelierten Begleitern. Hier gibt es hinter der Sonnenterrasse auch ein Restaurant.
Und natürlich müssen Sie wenigstens einen Blick ins **Antico Caffè Greco**, Via Condotti 86, an der Piazza di Spagna, werfen, wie es nicht nur Goethe und Nietzsche, sondern auch Sophia Loren und Sandro Pertini taten. Auch **Rosati**, Piazza del Popolo 5, ist ein altes und schönes Lokal.

SHOPPING

Rom ist in der Tat ein Einkaufsparadies. Zwar können Sie sich sicher nicht alle die Luxusartikel leisten, die in ihrem unverwechselbaren Stil und ihrer handwerklichen Qualität so typisch für italienisches Design und italienische Mode sind und deren Markennamen weit über Europa hinaus berühmt sind, aber Sie können sich beim Bummel durch die eleganten Einkaufsstraßen inspirieren lassen und Ideen für sich selbst mitnehmen. Natürlich steht die Mode im Blickpunkt, besonders in den Läden mit den klangvollen Namen in der Via Condotti, Via del Babuino, Via Borgognona und an der Piazza di Spagna. Hier finden Sie alles, was gut und teuer ist: Modellkleider (alta moda) und Konfektionskleidung (prêt-à-porter) der berühmten italienischen Modeschöpfer, Lederkollektionen, erlesene Wäsche, Schmuck und Antiquitäten. Kaufhäuser gibt es nur wenige, und sie liegen weit auseinander, denn die Römer bevorzugen Fachgeschäfte.

Besucher mit schmalerer Brieftasche sollten sich in der Via del Tritone, den Straßen um den Trevi-Brunnen, der Via Cola di Rienzo jenseits des Tiber, an der Piazza S. Lorenzo in Lucina und um die Piazza Campo dei Fiori umschauen.

Buntes Treiben auf dem Sonntagsmarkt an der Porta Portese

SHOPPING

Antiquitäten
Für Sammler ist die Via del Babuino zu empfehlen, wo sich die renommiertesten Geschäfte befinden. Zum Beispiel gibt es Zeichnungen, Gemälde und Möbel bei **W. Apolloni** (Nr. 133), Kunstgegenstände bei **Figli di Adolfo di Castro** (Nr. 80), **Nicola e Angelo di Castro** (Nr. 92) und **Amadeo di Castro** (Nr. 77).

Kleinere Antiquitätenläden haben sich in der Via dei Coronari niedergelassen. Sie waren einst Werkstätten, in denen Künstler Rosenkränze für die Pilger auf ihrem Weg zum Petersdom anfertigten. Auch auf der Via Giulia werden Antiquitäten verkauft. Die meisten angesehenen Geschäfte stellen Echtheitszertifikate aus und regeln den Versand in andere Länder.

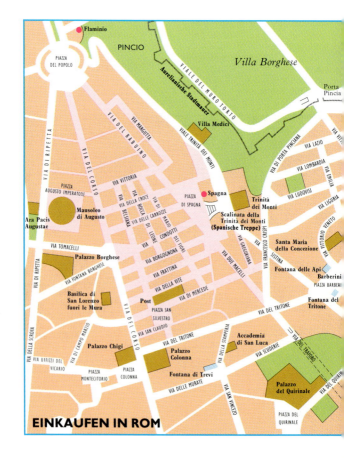

EINKAUFEN IN ROM

SHOPPING

Bücher
Die wahrscheinlich bekannteste und auch größte Buchhandlung Italiens ist **Rizzoli**, Galleria Colonna, Largo Chigi 15. Eine reiche Auswahl an Kunstbüchern findet man in der **Libreria San Silvestro**, Piazza San Silvestro 27. Deutschsprachigen Reisenden ist vor allem die **Buchhandlung/Libreria Herder**, Piazza Montecitorio 117, zu empfehlen, wo es unter anderem auch die gängige Rom-Literatur gibt.

Kinderkleidung
Der Name für Kinderkleidung ist **Tablò**. Dort kaufen betuchte Mütter für ihre superschicken bambini ein. Selbst für die Kleinsten sind die Preise enorm. Die Filiale in der Piazza di Spagna 96 führt Artikel für die Altersgruppe bis acht Jahre; Bekleidung für ältere Kinder gibt es in der anderen Filiale, Via della Croce 84. Aber auch bei Ladenketten wie Chicco, La Cigogna und Benetton 012 können Sie Ihre Kinder italienisch gestylt einkleiden.

Porzellan
Feinstes Tafelporzellan kommt von **Ginori**, Via Condotti 87. Hier sind über zwei Stockwerke phantastische Tische arrangiert. Eine ebenso gute Adresse ist **Cavatorta**, Via Vittorio Veneto 159, wo seit über 100 Jahren klassisches Capodimonte-Porzellan verkauft wird.

Warenhäuser
Die italienischen Warenhäuser lassen sich nicht mit den Konsumtempeln in Paris oder Berlin vergleichen, sondern bieten nur ein durchschnittliches Angebot. Die besten sind wahrscheinlich **La Rinascente**, Via del Corso 189–191, und **Coin**, Piazzale Appio. Auch **Standa** ist bekannt. Eine Filiale befindet sich in der Via del Corso 379.

Stoffe
Wenn Sie selbst nähen, können Sie in Rom wesentlich besser einkaufen als in Deutschland, weil Sie alle modischen Stoffe in ausgezeichneter Qualität finden.

SHOPPING

Entlang der Via Condotti kann man zur Not auch ohne Geld in der Tasche bummeln

Bei **Bises**, Via del Gesù 99, wird die größte Kollektion an Bekleidungs- und Dekorationsstoffen in einem passenden Ambiente präsentiert. Das palastartige Haus wurde einst von Kardinal Altieri bewohnt, bevor er zum Papst Clemens X. avancierte. Ein weiterer angesehener Laden ist **Cesari**, der in einem anderen Palazzo residiert: in der Via del Babuino 16 findet man Roms größte Auswahl an Dekorationsstoffen, und die Filiale in der Via Barberini 1 führt erstklassiges Leinen.

Mode und Accessoires

Rom hat in den letzten Jahren angefangen, Paris den Rang einer Modehauptstadt streitig zu machen. Vielleicht genehmigen Sie sich ein Stück, das einen großen Namen trägt. Der Klassiker **Armani**, Via del Babuino 102, ist vor allem für seine zeitlosen und doch feminin geschnittenen Jacken und Kostüme bekannt. Weiter in Richtung Piazza del Popolo stellt der Ableger **Emporio Armani** sportliche Mode für junge Leute aus. Auch in der Via Frattina bei **Alexander**, an der Ecke zur Piazza di Spagna, wird junge Mode geboten. **Angelo Litrico**, Via Sicilia 51, ist einer der bekanntesten Namen in der Herrenbekleidung. Wenn Sie einen maßgeschneiderten italienischen Anzug wollen, dann gehen Sie zu **D'Alesio**. Innerhalb von zwei Tagen wird dort Ihr Anzug angefertigt.

SHOPPING

André, an der Piazza di Spagna 81, kreiert klassische Hemden. **Battistoni,** in der Via Condotti 61, ist eine Luxus-Boutique mit Artikeln im Reiterstil: feinste Kaschmirpullover, Blazer, Kordsamthosen, Seidenblusen und Lederwaren. Ein paar Häuser weiter bietet **Gucci,** Via Condotti 77, konservative Eleganz. Die italienische Avantgarde wie Moschino, den Erfinder des Hutes mit Plüschbärgarnitur, führt **Cactus,** in der Via della Croce 82. **Fendi** in der Via Borgognona ist einer der großen italienischen Namen für Lederwaren und vor allem für elegante und modische Pelze. In der gleichen Straße finden Sie auch die zauberhaften Kaschmir- und Wollsachen in hellen Farben von **Laura Biagiotti** und **Gianfranco Ferré,** der früher Architekt war, was die Linienführung seiner Damen- und Herrensachen erkennen läßt.
Gianni Versace, der in der Via Bocca di Leone sehr weibliche Damenmode zeigt, bietet in der Borgognona originelle Herrenpyjamas an. In derselben Straße hat auch der Franzose **Givenchy** sein Geschäft; er ist bekannt für die Modelle, die Audrey Hepburn in ihren Filmen trug.
Ungaro, auch ein Vertreter der Pariser Haute Couture, hat eine Boutique in der Via Bocca di Leone 24. Klassische Seidenkleider und Anzüge aus Wolle (Made in Italy) kosten dort weniger als in Paris.
Valentino schließlich unterhält in der Via Bocca di Leone 26 eine Boutique, in der Sie seine aktuelle Kollektion auf Video sehen können. Außerdem hat er in der Via Mario dei Fiori 22 eine Herrenboutique mit dezenten Anzügen sowie Schmuck und Gürtel mit Monogrammen.

Lederwaren
Fast alle großen Namen in Rom haben auch eine Lederkollektion. **Trussardi** in der Via Bocca di Leone 27 mit seinem unverwechselbaren klassischen Stil gehört dazu. Die Römer halten **Nazareno Gabrielli,** Via delle Fratte 3a, mehr oder weniger für den Erfinder von Leder- und Tweedbekleidung. Robuste, gutaussehende Lederkoffer verkauft **Etienne Aigner,** Via San Sebastianello 7, dessen Markensymbol und Initialen sich in Hufeisenform verbinden. **Maurizio Righinis** Lederwarengeschäft an der Piazza di Spagna 36 besteht schon seit 1930. **Elegant Belamonte,** Via Emilia 36, führt jegliche Art von Lederwaren. Wenn Sie Handschuhe suchen, dann gehen Sie am besten zu **Sergio di Cori,** Piazza di Spagna 53.

Schmuck
Bulgari in der Via Condotti 10 (hinter dem Portal) stellt Schmuck für Königshäuser her. Auch die Preise sind mehr als fürstlich. **Sutrini** an der Via Borgognona verbindet Metalle und Industriestoffe mit Gold und Edelsteinen zu wunderschönen Kreationen. **Gris,** an derselben Straße gelegen, führt ungewöhnlichen Schmuck – etwa Haarnadeln im Stil der 40er Jahre aus Platin und Diamanten, oder auch Miniatur-Uhren von Van Cleef. Wertvolle antike[*] Uhren gibt es bei **Bolla,** einem Neuling in dieser Straße. Imitationen antiker Schmuckstücke von hoher Qualität können Sie schließlich bei **Burma,** Via Condotti 27, erstehen.

SHOPPING

Campo dei Fiori – auf Roms ältestem Markt gibt es frische Lebensmittel und Blumen

Schuhe

Zumindest an den Schuhgeschäften werden Sie in Rom nicht vorbeigehen können. Bei **Rossetti** auf der Via Borgognona finden Sie alles, was ihr Fuß begehrt. An derselben Straße führt auch **Andrea Carrano** Schuhe für jeden Anlaß und in allen Farbschattierungen. **Maud Frizons** Boutique, Via Borgognona 38, hält außergewöhnlich modische Schuhe in bunten Farben bereit. Die Mokassins von **Gucci** mit den bekannten goldenen Initialen sind so beliebt, daß sie schon fast wieder out sind. Guccis Läden liegen in der Via Condotti und in der Via Borgognona. Die Schuhe von **Salvatore Ferragamo**, Via Condotti 73/74 und 66 (Herrenmode), können Sie bei Modeschauen bewundern. Nennenswert ist auch **Barrila**, ein paar Meter weiter im Haus Nr. 29. Und wer kann schon den eleganten, glänzenden Abendschuhen von **Beltrami** in der Via Condotti 19 widerstehen?

Märkte

Alle Römerinnen erledigen ihre täglichen Lebensmitteleinkäufe auf dem Markt ihres Viertels. Die weniger Wohlhabenden decken sich hier mit preisgünstiger Kleidung oder Lederwaren ein. Der älteste und berühmteste Markt findet auf dem **Campo dei Fiori** im Herzen Roms statt, und zwar täglich außer sonntags. Der **Mercato dei Fiori** ist ein reiner Blumenmarkt. Er wird in Prati, in der überdachten Halle an der Via Trionfale, abgehalten und ist nur dienstags 10.30 bis 13.30 Uhr zugänglich.
Roms größter und billigster Markt, der ebenfalls täglich außer sonntags stattfindet, liegt um die riesengroße **Piazza Vittorio Emanuele**. Auf der einen Seite des Marktes gibt es Kleidungs- und Lederwarenstände, auf der anderen werden Lebensmittel verkauft. Hier geht es lebhaft und unterhaltsam zu, und man bekommt seltene Käsesorten und Gemüse für ein Picknick. Gehen Sie früh am Sonntagmorgen nach Trastevere an die **Porta Portese**, Ponte Sublicio, Nähe Tiber. Dieser Flohmarkt ist sehr beliebt und immer voller Menschen. Obwohl Sie auf Taschendiebe achten sollten, macht es Spaß, dabeizusein. Der Flohmarkt findet sonntags 6.30–14.30 Uhr statt.

UNTERKUNFT

Bei der Auswahl Ihrer Unterkunft in Rom sollten Sie mehrere Dinge bedenken: Suchen Sie das Quartier nicht nur nach dem Äußeren aus – hinter manch bröckelnder Fassade verbirgt sich ein palastartiges Inneres. Bestehen Sie nicht auf einem ruhigen Hotel, mit Lärm muß man überall rechnen in Rom. Eine Unterkunft in den Außenbezirken mag zwar den Geldbeutel schonen, doch kosten die Fahrten hin und her viel Zeit.

Rom bietet alle Variationen an Unterkunftsmöglichkeiten – von preiswerten *pensioni*, kleinen Herbergen, die fast immer in Familienbesitz sind und Übernachtung und Frühstück oder Halbpension bieten, bis hin zu großartigen Palästen, die zu den feinsten in ganz Europa gehören. In Italien werden Hotels mit Sternen klassifiziert (ein Stern bis fünf Sterne). Apartments mit Selbstverpflegung gibt es in sogenannten *Residences*. Hierfür sollten Sie ein besonderes Verzeichnis vom Staatlichen Italienischen Fremdenverkehrsbüro ENIT anfordern. Die meisten modernen, erstklassigen Hotels liegen in der Nähe der Via Vittorio Veneto und der Piazza di Spagna. *Pensione* sind eher in den Stadtvierteln Borgo und Prati zu finden. In der Gegend um den Hauptbahnhof gibt es einige Hotels, die noch einen guten Standard haben. Im Tageshotel (*albergo diurno*) im Untergeschoß der Stazione Termini können Sie stundenweise Zimmer mieten, um sich frischzumachen. Hauptsaison ist in Rom zwischen Ostern und Oktober. Obwohl viele Hotels von November bis März Nebensaisonpreise anbieten, ist die Hotellerie der Stadt zu jeder Jahreszeit gut ausgebucht. Vor unliebsamen Überraschungen können Sie sich schützen, indem Sie Ihr Quartier vor der Reise buchen.

Luxushotels (Fünf Sterne)
Internationale Hotelführer bezeichnen das **Hassler Villa Medici**, Piazza Trinità dei Monti 6 (Tel. 6 78 26 51), mit seiner phantastischen Lage oberhalb der Spanischen Treppe, als das beste Hotel. Das Dachrestaurant bietet ausgezeichnete italienische und internationale Küche, und den herrlichen Blick über die Stadt gibt's gratis dazu.

Das Hotel Hassler Villa Medici ist in dieser eleganten Stadt tonangebend

UNTERKUNFT

Andere Luxushotels in der Gegend der Via Vittorio Veneto sind:
Ambasciatori Palace, Via Veneto 70 (Tel. 4 74 93). Hier sind die Zimmer schallgedämpft und der Service ist tadellos; in der Grill Bar ABC können Sie essen. Das **Excelsior**, Via Vittorio Veneto 125 (Tel. 47 08), ein hervorragendes Grandhotel mit antikem Mobiliar und einer guten Piano-Bar, gehört zur Cigahotel-Gruppe. Auch das alteingesessene **Eden**, Via Ludovisi 49 (4 74 35 51), bietet von seinem Dachgartenrestaurant eine wunderbare Sicht. Größe und Würde verbergen sich hinter der klassizistischen Fassade des **Le Grand Hotel et de Palme** (Cigahotel), Via Vittorio Emanuele Orlando 3 (Tel. 47 09). Sein Restaurant Rallye hat zu allen Zeiten die Genießer angezogen. – **Lord Byron**, Parioli, Via De Notaris (Tel. 3 60 95 41), ist ein ruhiges, exklusives Hotel unweit der Innenstadt. Hier kann man die persönliche Atmosphäre genießen. – Das **Cavalieri Hilton**, Via Cadlolo 101 (Tel. 3 15 11), liegt ebenfalls außerhalb des Zentrums. Von seiner Terrasse aus hat man einen wunderschönen Rundblick.

Vier Sterne
Neben dem Hassler finden Sie das **Hotel de la Ville Inter-Continental**, Via Sistina 69 (Tel. 6 73 31). Es hat ein gutes Restaurant (Il Patio) und eine günstige Lage für den Einkaufstrip. Das **Bernini Bristol**, Piazza Barberini 23 (Tel. 46 35 51), liegt gegenüber vom Tritonenbrunnen, und zur Spanischen Treppe ist es nur ein Katzensprung. Ernest Hemingway und eine Reihe anderer Berühmtheiten

Das klassizistische Grand Hotel besticht durch seinen Luxus

sind im **Hotel d'Inghilterra**, Via Bocca di Leone 14 (Tel. 67 21 61), abgestiegen, das zwar schon seit 1850 besteht, aber den Komfort dieses Jahrhunderts hat. Hinter den von rankendem Wein bedeckten Mauern des **Raphael**, Largo Febo 2 (Tel. 65 08 81), verbergen sich nicht nur interessante Kunstgegenstände, auch die politische Prominenz übernachtet hier – das Parlamentsgebäude liegt direkt gegenüber. Ein anderes empfehlenswertes Haus ist der **Colonna Palace**, Piazza Montecitorio 12 (Tel. 6 78 13 41). An der Via Vittorio Veneto 191 steht mit dem **Flora** (Tel. 49 78 21) ein Hotel alter Schule und mit traditionellem Service. Eine gute Adresse ist auch das **Regina Carlton**, Via Vittorio Veneto

UNTERKUNFT

Nr. 72 (Tel. 47 68 51). Versteckt in einer ruhigen Straße gegenüber der Aurelianischen Mauer liegt das **Victoria**, Via Campania 41 (Tel. 47 39 31). Hier hat man von den oberen Stockwerken einen schönen Ausblick auf die Villa Borghese. Im **Giulio Cesare** in Prati, Via degli Scipioni 287 (Tel. 3 21 07 51), ist das Ambiente der Zeit um die Jahrhundertwende mit modernem Komfort verbunden. In der Nähe finden Sie auch das komfortable **Jolly Leonardo da Vinci**, Via dei Gracchi 324 (Tel. 3 96 80). Im Bahnhofsgebiet sind das **Mediterraneo**, Via Cavour 15 (Tel 46 40 51), das **Genova**, Via Cavour 33 (Tel. 47 69 51), und das **Massimo d'Azeglio**, Via Cavour 18 (Tel. 4 74 39 41), empfehlenswert. Erwähnenswert ist außerdem auch das **Mondial**, Via Torino 127 (Tel. 47 28 61).

Drei Sterne
Das gepflegte **Condotti**, Via Mario de'Fiori (Tel. 6 79 46 61), verführt zum Einkaufsbummel – in der Nähe liegen die Geschäfte der Via Condotti. Von seinen Zimmern und kleinen Terrassen aus kann man die Reichen und Schönen vorbeiflanieren sehen. Von gleichem Standard sind auch das **Internazionale**, Via Sistina 79 (Tel. 6 79 30 47), und das **Sistina**, Via Sistina 136 (Tel. 4 81 88 04), wo man im Sommer auf einer hübschen Terrasse frühstücken kann. Im **Alexandra**, Via Vittorio Veneto 18 (Tel. 46 19 43), bezahlt man zwar für die günstige Lage des Hotels, doch hat die Atmosphäre verblichener Vornehmheit für manchen ihren Reiz. In der Nachbarschaft bietet sich das **Caprice**, Via Liguria 38 (Tel. 46 21 88), als Alternative an. Bei **Marcella**, Via Flavia 104 (Tel. 4 74 64 51), ist das Frühstück im Preis inbegriffen. Vom Dachgarten hat man einen herrlichen Ausblick. Unweit vom Petersdom liegen das **Diplomatic**, Via Vittoria Colonna 28 (Tel. 6 54 20 84), und das komplett renovierte **Isa**, Via Cicerone 30 (Tel. 3 21 20 10), gleichermaßen beliebte Hotels. Das **Sant'Anselmo**, Piazza di Sant'Anselmo 2 (Tel.5 74 35 47), liegt relativ ruhig auf dem Aventin. An der Piazza del Popolo finden Sie das im Liberty-Stil eingerichtete **Valadier**, Via della Fontanella 15 (Tel. 3 61 05 92). Das **Forum**, Via Tor dei Conti 25 (Tel. 6 79 24 46), bietet einen stilgerechten Blick über Trajansforum und Kapitol.

UNTERKUNFT

Das zentralgelegene, eindrucksvolle Hotel dei Portoghesi hat einen besonderen Reiz

Sonstige Hotels
Der Panoramablick vom **Hotel dei Portoghesi**, Via dei Portoghesi 1 (Tel. 6 58 42 31), ist phantastisch; der Preis ist zivil und die Lage zentral in einer hübschen Straße nahe der Kirche San Antonio. Ebenfalls zu empfehlen und zentral gelegen sind das **Forte**, Via Margutta 61 (Tel. 6 78 61 09), das **Campo de' Fiori**, Via del Biscione 6 (Tel. 6 87 48 86), und die **Casa Kolbe**, Via S. Teodoro 44 (Tel. 6 79 49 74), in der Nähe des Forum Romanum. Für schmalere Geldbeutel gibt es auch noch einfache, solide Hotels wie **Sole**, Via del Biscione 76 (Tel. 6 54 08 73), oder **Perugia**, Via del Colosseo 7 (Tel. 6 79 72 00).

Ferienwohnungen
Wer einen längeren Aufenthalt in Rom plant, ist gut bedient, wenn er eine Wohnung *(Residence)* mietet. Zu den empfehlenswerten Häusern gehört der **Palazzo al Velabro**, Via del Velabro 16 (Tel. 6 79 43 25). Die Mindestaufenthaltsdauer beträgt sieben Nächte, die Reinigung erfolgt täglich. Ein ähnliches Angebot hat **Aurelia Antica**, Via Aurelia Antica 425 (Tel. 6 37 90 21). Im **Medaglie d'Oro**, Via Medaglie d'Oro (Tel. 3 59 90 51), muß man mindestens zwei Wochen bleiben; Fernsehapparat und Waschmaschine kosten extra. Im **Monti Parioli**, Via Torquato Taramelli 4 (Tel. 87 06 44), beträgt die Mietdauer mindestens einen Monat.

Camping
In der Umgebung Roms gibt es einige Campingplätze mit Wasser, Strom und Toilettenanlagen. Es ist nicht ratsam, außerhalb der offiziellen Plätze zu campen. Zu den empfehlenswerten Anlagen gehören:
Seven Hills, Via Cassia 1216, Lago Maggiolina (Tel. 3 76 55 71); 600 Plätze; Bungalows.
Capitol, Ostia Antica (nahe Sassone), Via Castellusano 45 (Tel. 6 60 23 01); 1800 Plätze.
Lorium, Via Aurelia (Tel. 6 90 91 90 oder 6 90 91 89).
Flaminio, Via Flaminio km 8,2 (Tel. 3 27 90 08).
Nomentano, Via della Cesarina 11 (Tel. 6 10 02 96); 700 Plätze.
Tiber, Via Tiberina, Prima Porta (Tel. 6 91 07 33).

ROM AM ABEND

Rom geht eher zu Bett als etwa Paris oder New York. Und trotz des Eindrucks, den Fellinis Filme vermitteln, gibt es hier keine schäbigen Kneipen wie etwa in Hamburg. Natürlich hat die Ewige Stadt auch ihre Nachtschwärmer und in den Diskos geht es erst nach Mitternacht so richtig los. Theater und Restaurants sind recht lange geöffnet, Cafés und Bars schließen auch an Werktagen meist erst um 1 oder 2 Uhr morgens. Am Abend hat Rom für jeden etwas zu bieten. In einer Kulturstadt wie dieser dominiert natürlich die anspruchsvolle Unterhaltung – Oper, Ballett, Vorträge, Konzerte und Theater stehen im Vordergrund. Eine der großen Attraktionen im Sommer ist die Freilichtoper im phantastischen Rahmen der Caracalla-Thermen. Im Sommer sind Jazz-, Pop- und Rockfestivals in Roms Parks und Gärten die Attraktion. Orchesterkonzerte, u. a. der Accademia Filarmonica, kann man an verschiedenen Orten hören. Achten Sie auf Musikveranstaltungen in besonders schönen Räumlichkeiten, die doppelten Genuß bieten. Die großen Konzertsäle sind fast genauso zentral gelegen wie die Theater. Um eine Theateraufführung, sei es Pirandello in einem etablierten Haus oder eine Avantgarde-Inszenierung in den *teatri off* (Szenetheater), zu genießen, sollten Sie gute Italienischkenntnisse mitbringen. Das gleiche gilt, wenn Sie ins Kino gehen möchten. Die meisten Filme, die heutzutage in Rom gezeigt werden, sind ausländische Produktionen, aber sie laufen in synchronisierter Version. Nur ein einziges mutiges Kino in Rom zeigt Filme in der fremdsprachigen Originalversion, obwohl die Römer behaupten, sie würden lieber die Originalfassung mit Untertiteln sehen. Eines der ganz großen Ereignisse im Sommer ist das Festival italienischer und ausländischer Filme, das in der Kulisse der antiken Baudenkmäler stattfindet; Imbißstände bereichern die Festivalatmosphäre. Die besten Informationen zum Unterhaltungsangebot findet man in der Dienstagsbeilage „Messafila" des *Il Messagero*, der Samstagsbeilage „Trovaroma" der *La Repubblica* und in den Touristenpublikationen *This week in Rome/La Settimana a Roma* und *Un ospite a Roma/A guest in Rome*. Eintrittskarten für die meisten kulturellen Ereignisse erhält man bis zum Tag der Vorstellung bei den verschiedenen Veranstaltern oder telefonisch gegen einen Aufpreis bei *Prontaspettacolo* (Tel. 6 84 72 92).

In Rom gibt es eine Reihe Lokale mit Live-Musik, die so häufig wechseln, daß auch hier nur die Zeitungen zur Information bleiben, sowie eine Reihe Diskotheken. Ein Diskothekenbesuch ist ein teures Vergnügen. Einige Lokale verlangen gesalzene Eintrittspreise, die einen Drink einschließen, in andere kommt man kostenlos rein, dafür ist aber der Getränkepreis höher. Die meisten sind im Sommer, wenn die Einheimischen in Urlaub sind, zeitweise geschlossen.

Oper und Ballett

Der wichtigste Veranstaltungsort für Oper und Ballett ist das **Teatro dell'Opera**, Piazza Beniamino Gigli.

ROM AM ABEND

Die offizielle Saison läuft von November bis Juni. Kartenvorbestellungen müssen postalisch erfolgen – direkt oder durch ein Reisebüro. Karten, die nicht verkauft worden sind, kommen zwei Tage vor der Veranstaltung in den freien Verkauf. Montags ist der Kartenschalter geschlossen.
Freilichtveranstaltungen finden in den Sommermonaten von Juni bis September in der großartigen Kulisse der **Terme di Caracalla**, Via delle Terme di Caracalla (Tel. 5 75 38 00), statt. Karten sind am Schalter des Teatro dell'Opera zu haben oder am Veranstaltungstag zwischen 20.00 und 21.00 Uhr an der Kasse der Caracalla-Thermen.

Klassische Konzerte

Die offizielle Konzertsaison dauert von Oktober bis Juni, doch kann man Orchester, Chöre, Solisten und Kammermusikensembles ganzjährig hören. Die Veranstaltungen finden teilweise in herrlichem Rahmen statt, wie in der Basilika S. Giovanni in Laterano und im Sommer auch in der Maxentiusbasilika, Via dei Fori Imperiali (Tel. 6 79 36 17), oder in Villen wie der Villa Ada.
Die **Accademia di Santa Cecilia** ist einer der berühmtesten Gastgeber für internationale Konzertstars. Ihre Veranstaltungen finden im Auditorio Pio, Via della Conciliazione 4 (Tel. 6 54 10 44), und in der Sala Accademia, Via dei Greci (Tel. 6 79 03 89), statt. Die **Accademia Filarmonica**, Via Flaminia 118 (Tel. 3 60 17 52), tritt häufig im Teatro Olimpico, Piazza Gentile da Fabriano 17 (Tel. 3 96 26 53), auf. Das Orchester der **RAI**, des italienischen Rundfunks, spielt im allgemeinen im Auditorio del Foro Italico, Piazza Lauro de Bosis (Tel. 39 07 13). Weitere interessante Konzerthallen sind: **Auditorio Pio**, Via della Conciliazione 4 (Tel. 6 51 40 44); **Auditorio del San Leone Magno**, Via Bolzano 38 (Tel. 85 32 16); **Oratorio del Gonfalone**, Via del Gonfalone 32a (Tel. 65 59 52).

Moderne Musik und Jazz

Ein gutes Jazzlokal ist der **Mississippi Jazz Club**, Borgo Angelico 16 (Tel. 6 54 03 48). Jazzfreunde kommen aber auch bei den verschiedenen Sommerfestivals auf ihre Kosten, außerdem im Oktober im Teatro dell'Opera. Vergewissern Sie sich am besten in der örtlichen Presse und in Touristenführern, was gerade los ist. Für Folk-Musik empfiehlt sich das **Folkstudio**, Via Gaetano Sacchi 3 (Tel. 5 89 23 74). Große Rockkonzerte werden häufiger am **Castel Sant'Angelo** und im **Teatro Olimpico** veranstaltet. Freunde von Jazz, Folk- und Popmusik sollten sich nach folgenden Lokalen erkundigen: **Il Pipistrello**, Via Emilia 27a (Tel. 4 75 41 23); **El Trauco**, Via Fonte dell'Olio 5 (Tel. 5 89 59 28); **Saint Louis,Music City**, Via del Cardello 13a (Tel. 4 74 50 76); **Murales**, Via dei Fienaroli 30 (Tel. 5 89 88 44); **Music Inn**, Largo dei Fiorentini 3 (Tel. 6 54 49 34); **Music Workshop**, Via Prati 19 (Tel. 8 44 18 86).

Nachtklubs und Diskotheken

Ein typisches Lokal für Touristen, die mit mäßigem Essen und einer der üblichen Shows abgespeist werden, ist **Fantasie di Trastevere**, Via di Santa Dorotea 6 (Tel. 5 89 16 71).

ROM AM ABEND

Jackie O – immer noch ein Begriff

Yuppies ziehen es vor, sich auf einen Cocktail bei **Hemingway**, Piazza delle Coppelle 10 (Tel. 6 54 41 35), zu treffen. Die Diskothek **Piper 80** in der Via Tagliamento 9 (Tel. 85 44 59) gehört zwar zu den ältesten und bekanntesten, hier verkehren aber fast nur junge Leute. Immer noch ein Begriff, wenn auch schon ein Stück Vergangenheit, ist **Jackie O,** Via Boncompagni 11 (Tel. 46 46 01). **Histeria**, Via R Giovannelli (Tel. 86 45 87), ist eine große, schicke Diskothek, in der es aber erst ab Mitternacht richtig losgeht. Groß und laut ist die **Acropolis**, Via Luciani 52 (Tel. 87 05 04). Hier werden kleine Imbisse serviert, Videos gezeigt, und es gibt auch einige Ecken, in denen man sich unterhalten kann. Jugend, Eleganz und Exklusivität findet man im **Le Stelle**, Via Beccaria 22 (Tel. 3 61 12 40). Wenn Sie aber auf lauten New Wave Rock aus sind, ist das **Supersonic** in der Via Ovidio 17 (Tel. 6 54 84 35) das Richtige für Sie. Im **Oscar Club**, Via Principessa Clotilde 11 (Tel. 3 61 02 84), trifft sich ein internationales Publikum, vielleicht weil er im Stil New Yorker Klubs gestaltet ist; Bar, Restaurant und Musik sind amerikanisch. **Veleno**, Via Sardegna 27 (Tel. 49 35 83), ist eine extravagante Diskothek mit Restaurant, wo Sie Persönlichkeiten aus der Film- und Sportszene treffen können. Das Mobiliar besteht aus römischen Antiquitäten. Im **Bella Blu** z. B., Via Luciani 21 (Tel. 3 68 88 40), wird immer noch Wange an Wange getanzt. Der Tanzboden ist klein und von blauen, sternenbemalten Wänden und ionischen Halbpfeilern umgeben. Auch **La Bi-**

ROM AM ABEND

blioteca, Largo del Teatro Valle 27 (Tel. 6 54 12 92), ist romantisch; man kann hier bis in die späte Nacht essen und tanzen. Im **Bluebar** und in **La Cabala**, Via dei Soldati 25 (Tel. 6 56 42 50), entbrannte Onassis' Leidenschaft, erst für Maria Callas und dann für Jackie Kennedy. Heute ist es vornehm, teuer und für manche noch immer aufregend. Das **La Clef**, Via March 13 (Tel. 46 17 30), gibt sich distinguierter. **Open Gate**, Via San Nicola da Tolentino (Tel. 4 74 63 01), bietet eine Piano-Bar, ein Restaurant und eine schicke Diskothek. Im **Tartarughino**, Via della Scrofa 2 (Tel. 6 78 60 37), gibt es neben Klavier- auch klassische Gitarrenmusik. Lateinamerikanische Rhythmen haben auch die Herzen der Römer erobert. Im **L'Incontro**, Via della Penna 25 (Tel. 3 61 09 34), und **Yes Brazil**, Via S. Francesco a Ripa 103 (Tel. 5 81 62 67), wird brasilianische Musik großgeschrieben. Bei Tag und bei Nacht sind Batida-Cocktails und Milchshakes mit tropischen Früchten verführerisch. – Seien Sie aber darauf gefaßt, daß Nachtlokale, so schnell wie sie entstehen, oft über Nacht wieder verschwinden.

Gay-Szene

Rom hat eine erhebliche Zahl von Nachtlokalen für Homosexuelle. Zu den besten Discos gehört L'Alibi, Via Monte Testaccio 44 (Tel. 5 74 34 48). Von der Terrasse kann man den Vatikan sehen. **Easy Going**, Via della Purificazione 9 (Tel. 4 74 55 78), ist bei Homosexuellen beiderlei Geschlechts beliebt, aber heterosexuelle Besucher werden toleriert. **L'Angelo Azzurro**, Via Cardinal Merry Del Val (Tel. 5 80 04 72), ist derzeit ein Trendsetter mit jungem Publikum. Bei **L'Incognito**, Via Vincenze 58a (Tel. 49 24 01), finden Sie Einlaß, wenn Sie einen ausländischen Paß vorweisen.

Kino

Das einzige Kino, das Filme in Originalfassung zeigt, ist **Pasquino**, Piazza Santa Maria in Trastevere (Tel. 5 80 36 22). Ansonsten brauchen sie gute Italienischkenntnisse, da die meisten Filme synchronisiert sind. Es lohnt sich aber, sich nach Filmkunst-Kinos umzusehen. Man kann dort für einen symbolischen Beitrag Mitglied werden und europäische und amerikanische Filme im Originalton anschauen, außerdem auch Werke junger, unabhängiger italienischer Filmemacher. Probieren Sie es im: **Farnese**, Piazza Campo dei Fiori 56 (Tel. 6 56 43 95); **Filmstudio**, Via Orti d'Aliberti 1c (Tel. 65 73 78); **Il Labirinto**, Via Pompeo Magno 27 (Tel. 31 22 83); **Grauco Cinema**, Via Perugia 34 (Tel. 7 55 17 85); **Cavalieri del Nulla**, Via della Baleari 167 (Tel. 7 59 13 77); **L'Officina**, Via Benaco 3 (Tel. 86 25 30). Im August gibt es Freilichtvorführungen in historischen Monumenten, z. B. am Konstantinsbogen. Für eine geringe Eintrittsgebühr können Sie bis zum frühen Morgen fünf Filme hintereinander anschauen. Deutschsprachige Filme werden gelegentlich im Goethe-Institut, Via Savoia 15 (Tel. 86 88 88, 86 04 34), gezeigt.

Theater

Die Theatersaison läuft offiziell von Oktober bis Mai. In den Sommermonaten finden Frei-

ROM AM ABEND

lichtveranstaltungen außerhalb Roms an klassischen Stätten statt, wie z. B. in Ostia Antica. Leichte Unterhaltung bietet das **Bagaglino al Salone Margherita**, Via Due Macelli 75 (Tel. 6 54 46 01), das eher ein Cabaret ist und auch Drinks serviert. Im **Teatro Sistina**, Via Sistina 129 (Tel. 4 75 68 41), werden Musicals aufgeführt.

Wenn sie klassisches Theater schätzen und Italienisch verstehen, dann sind die folgenden Adressen interessant:
Anfitrione, Via S Saba 24 (Tel. 5 75 08 27); **Argentina**, Largo Argentina (Tel. 6 54 46 01); **Belli**, Piazza S Apollonia 11a (Tel. 5 89 48 75); **Dei Satiri**, Via di Grotta Pinta 19 (Tel. 6 86 83 52); **Dei Servi**, Via del Mortaro 22 (Tel. 6 79 51 30); **Delle Arti**, Via Sicilia 59 (Tel. 4 75 85 98); **Delle Muse**, Via Forlì 43 (Tel. 86 29 48); **Eliseo**, Via Nazionale 183 (Tel. 46 08 31); **Flaiano**, Via S. Stefano del Cacco 15 (Tel. 6 79 85 69); **Ghione**, Via delle Fornaci 37 (Tel. 6 37 22 94); **Giulio Cesare**, Viale Cesare 229 (Tel. 38 44 54); **Goldoni**, Vicolo de'Soldati 4 (Tel. 6 56 11 56); **Nuovo Parioli**, Via Giosuè Borsi 20 (Tel. 3 96 26 35); **Olimpico**, Piazza Gentile da Fabriano (Tel. 3 96 26 35); **Politecnico**, Via Tiepolo 13a (Tel. 3 60 75 59); **Quirino**, Via Marco Minghetti 1 (Tel. 6 79 45 85); **Ridotto dell'Eliseo**, Via Nazionale 183 (Tel. 46 50 95); **Rossini**, Piazza di Santa Chiara 14 (Tel. 6 54 27 70); **Sala Umberto**, Via della Mercede 50 (Tel. 6 79 47 53); **Teatro dell'Orologio**, Via dei Filippini 17a (Tel. 6 54 87 35); **Teatro Tenda**, Piazza Mancini (Tel. 39 39 69); **Valle**, Via del Teatro Valle (Tel. 6 54 37 94).

Piazza del Popolo – Rom bei Nacht ist ein besonderes Schauspiel

KLIMA UND REISEZEIT

In der Hauptstadt Italiens ist es im allgemeinen angenehm und mild. Auch im Winter sind die Temperaturen gemäßigt, nur im Januar und Februar kann es feucht und frostig werden. Im Juli und August ist es meist heiß und schwül, und die Spitzentemperaturen können über 30º C erreichen. Dann ist es nur noch in Kirchen und Katakomben kühl. Es gibt zwei Winde, die kalte Tramontana aus dem Nordwesten und den feuchtwarmen Schirokko, der den Sand aus der Sahara bringt.

Kleidung

Im Sommer ist leichte Kleidung am zweckmäßigsten, doch bedenken Sie, daß man Sie in kurzen Röcken, Shorts (auch Bermudas) und mit unbedeckten Schultern in den Petersdom und andere Kirchen nicht hineinläßt. Man muß sich nicht so modebewußt wie die Römer kleiden, aber den allzu lässigen Freizeitlook ihrer ausländischen Gäste empfinden sie als Affront. Im Frühjahr, Spätherbst und Winter sollte ein warmer Mantel, Pullover und ein Regenschirm im Reisegepäck nicht fehlen. Die römischen Häuser sind im allgemeinen schlecht oder gar nicht geheizt.

Die beste Reisezeit

Frühjahr und Herbst sind die besten Zeiten für einen Aufenthalt in Rom, im Juli und August ist es nicht nur heiß, die Stadt ist auch voller Touristen.

Die sonnige Piazza della Rotonda. Im Sommer ist das Leben hier geruhsam – besonders für Besucher.

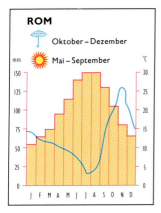

ALLTAG IN ROM

Wenn Sie sich beim Autofahren ausschließlich auf den Verkehr vor Ihnen konzentrieren, Ihre Rede mit großen Gesten unterstreichen und gerne bei einem Espresso Leute beobachten, dann sind das schon gute Voraussetzungen, sich schnell in Rom einzuleben. Römer diskutieren gerne, und was auf Nordlichter oft wie eine bewegte Auseinandersetzung wirkt, ist nur eine angeregte Unterhaltung unter Freunden, bei der es allen Beteiligten Spaß macht, rhetorische Brillanz zu demonstrieren. Im Gegensatz zu Paris kleiden sich in Rom auch die einfacheren Leute sorgfältig. Ausländer erkennt man sofort an ihrem lässigen Freizeitlook.

Obwohl die Ewige Stadt geographisch zu Mittelitalien gehört, gleicht die Mentalität der Römer eher der zurückhaltenden der Norditaliener – bedingt wohl durch die Jahrtausende alte urbane Tradition.

Das liebste Kind westlicher Zivilisation genießt in Rom noch größere Verehrung als anderswo, denn wer etwas auf sich hält, fährt im eigenen Auto, auch wenn man mehr steht als fährt. Dies mag mit dem italienischen Individualismus zusammenhängen – schließlich läßt man sich von niemandem etwas vorschreiben. Wenn Sie mit dem Wagen in den römischen Verkehr geraten, werden Sie die Erfahrung machen, daß die Römer zwar ihren Vorteil blitzschnell nutzen, es aber akzeptieren, wenn der andere genauso reagiert; auch als Fußgänger passiert Ihnen im römischen Verkehrschaos nichts.

Als Frau werden Sie erleben, daß die römischen Männer auf Sie reagieren, meist mit anerkennenden Blicken oder auch Pfiffen, die man ignorieren (und insgeheim ein bißchen genießen) kann. Wenn Ihnen die Anmache zu aufdringlich wird, ist es meist kein Problem, den „Angreifer" durch eine deutliche Abfuhr (funktioniert mit entsprechender Mimik in jeder Sprache) auf Distanz zu halten. Das Problem tritt gar nicht auf, wenn Sie mit Kindern reisen, denen die Römer wie alle Italiener mit besonderer Freundlichkeit und Zuneigung begegnen. Die Bambini sind immer adrett angezogen, besonders beim sonntäglichen Spaziergang.

Noch ein Wort zum Verhältnis des Römers zur Kirche. Im Prinzip sind die Römer mit der katholischen Kirche zu eng verbunden, als daß sie großen Respekt vor der Organisation haben könnten. Es ist beinahe eine Familienbeziehung, in der man zwar intern jede Menge Kritik äußert und gegen alle nur denkbaren Regeln verstößt, nach außen aber doch Zusammengehörigkeit demonstriert.

MIT KINDERN REISEN

MIT KINDERN REISEN

Wenn es den Kleinen langweilig wird und sie der Sehenswürdigkeiten müde sind, dann machen Sie doch einfach eine Pause und gehen mit ihnen in die nächste Gelateria; das Eis in Rom gehört zu den höchsten Gaumenfreuden (s. „Kulinarisches", S. 85). Daß die Italiener ihre Bambini verwöhnen, kann man schon an den vielen Spielzeuggeschäften erkennen, die auch ihre Kinder in den Bann ziehen werden. Besondere Theater- und Kinovorstellungen für die Kleinen sorgen für Abwechslung. Attraktionen im Freien finden Sie in den vielen Parks und auf Plätzen, u. a. auf der Piazza Navona, wo im Dezember und Januar ein Markt und ein Volksfest veranstaltet werden. Kindern macht es immer Spaß, Münzen in die Fontana di Trevi zu werfen oder am Fuß der Spanischen Treppe in eine Pferdekutsche zu steigen. Aufregend ist es auch, in den Trümmern des Forums die vielen Katzen zu beobachten: Und, wenn man den Sprößlingen interessante Erklärungen geben kann, werden sie sich auch ohne Katzen für die antiken Denkmäler begeistern.

Als letzter Ausweg bleibt noch die italienische Mickymausversion **Topolino**, die wöchentlich erscheint und mit der auch Erwachsene spielerisch ihre Italienischkenntnisse verbessern können.

Parks und Zoos

Die Attraktion Nummer eins ist der **Luna Park**, im EUR-Viertel, Via delle Tre Fontane (Tel. 5 92 59 33). Dieser große und gut ausgestattete Vergnügungspark eignet sich für die ganze Familie. Das vielfältige Angebot reicht von Riesenrad, Achterbahn und Karussells bis hin zu Bootsfahrten auf dem See, einem Minigolfplatz, Cafés und anderen Lokalen.

🕐 Mo, Mi, Do, Fr 15–20 Uhr, Sa 15–24 Uhr, So 10–13 und 15–22 Uhr.

Auch auf dem kleinen Spielplatz im **Parco Oppio**, nördlich des Kolosseums (Eingang an der Via Labicana), und in dem Garten des **Ministero degli Affari Esteri**, Piazzale Farnesina, mit Karussells und Rollschuhbahn, werden sich Kinder wohlfühlen, auch wenn die Anlagen weit weniger eindrucksvoll sind. Das **Villagio Olimpico**, nicht weit vom Corso di Francia, bietet ebenfalls eine Rollschuhbahn und einen Spielplatz. Einer der besten Parks für Kinder, die voll Energie stecken, ist die **Villa Ada**, westlich der Via Salaria. Dort gibt es zwei Spielplätze, eine Rollschuhbahn, eine Fahrradstrecke, Teiche und bewaldete Hänge. Im Park **Villa Glori**, nördlich der Villa Borghese, warten Ponys auf Reiter, und in der **Villa Balestra** stehen Ponykutschen für die kleinen Besucher bereit. In der **Villa Celimontana** südlich des Kolosseums gibt es eine Radrennbahn. In der beliebten **Villa Borghese** sorgen Boote, Fahrräder, Ponys und der **Giardino Zoologico** (Tel. 87 05 64) für Abwechslung.

🕐 Der Zoo ist (außer am 1. Mai) das ganze Jahr über geöffnet; im Sommer 8–18.30 Uhr, im Winter 8–17 Uhr. Für Kinder, die nicht größer als 1,30 m sind, ist der Eintritt frei. Beachten Sie den Hinweis auf die Fütterungszeiten neben dem Eingang.

MIT KINDERN REISEN – PREISWERT REISEN

Theater und Kino

Das Puppentheater ist in Italien eine äußerst beliebte Unterhaltung für Kinder. Gelegentlich gibt es Vorführungen in der Villa Borghese oder im Park am Gianicolo.
Wo und wann gespielt wird, erfahren Sie aus der örtlichen Presse.
Auch **Alla Ringhiera**, Via dei Riari 81 (Tel. 6 56 87 11), bietet des öfteren Puppentheater. Andere Theater, die von Zeit zu Zeit spezielle Kinderprogramme aufführen, sind: **Il Torchio**, Via E. Morosini 16 (Tel. 58 20 49); **Anteprima**, Via Capo d'Africa 5a (Tel. 73 62 55); **Arcobalena**, Salita S. Gregorio al Celio (Tel. 73 28 53); **Catacombe 2000**, Via Iside 21 (Tel. 7 65 34 95); **La Ciliegia**, Via Giambattista Soria 13 (Tel. 6 27 57 05); **Il Giardino Segreto**, Via Panettoni 67 (Tel. 3 65 09 38); **Laboratorio al Parco**, Via Ramazzini 31 (Tel. 5 28 06 47).
Auch das Kinderkino (Cinema dei piccoli) in der Viale della Pineta 15 (Tel. 86 34 85) und das Planetarium in der Via Giuseppe Romita sind Attraktionen für die kleinen Besucher.

Museen

Roms Museen haben Kindern je nach Geschmack, Alter und Interessen sehr viel zu bieten.
Für Heranwachsende mit musikalischen Neigungen kann ein Besuch im **Museo Nazionale degli Strumenti Musicali**, Piazza Santa Croce in Gerusalemme 9a (Tel. 7 57 59 36), lohnend sein. Dort sind Tausende von Musikinstrumenten ausgestellt – aus der Zeit der Antike bis hin zum 17. Jh.
🕐 täglich außer Mo 9–13.30 Uhr.

Der bekannteste Beitrag Italiens zur internationalen Küche – die Pizza

PREISWERT REISEN

Sie können in Rom auch mit wenig Geld auskommen, wenn es auch nicht ganz einfach ist. Die Jugendherberge befindet sich im Foro Italico 61, Via dell'Olimpiade, doch muß man Mitglied des Jugendherbergsverbandes sein, wenn man hier übernachten will. Die Benutzung öffentlicher Verkehrsmittel ist billig, besonders wenn man sich eine Touristenfahrkarte besorgt, die zu beliebig vielen Fahrten innerhalb eines bestimmten Zeitraumes berechtigt. Studenten und ausländische Besucher können gegen eine symbolische Gebühr beim italienischen Fremdenverkehrsamt ENIT in ihrem Heimatland einen Ausweis erwerben, der Ihnen ein Jahr freien Zutritt in allen staatlichen Museen und Galerien gewährt.

PREISWERT REISEN – FESTE UND VERANSTALTUNGEN

Sparen kann man auch beim Essen. Menüs zum Inklusivpreis, die Sie in einer *hosteria* oder *trattoria* bekommen, sind oft preiswert. Auch Imbißstuben *(tavola calda)* bieten eine kostengünstige Alternative.
Auf Flohmärkten können Sie vielleicht ein Schnäppchen machen – früh am Sonntagmorgen an der Porta Portese oder an anderen Vormittagen an der Via Sannio (s. Shopping, S. 91).

FESTE UND VERANSTALTUNGEN

Januar
1. Januar: Kerzenprozession in den Priscilla-Katakomben.
6. Januar: Volksfest aus Anlaß des Dreikönigstages *(befana)* – bis zum Einbruch der Dunkelheit auf der Piazza Navona.
21. Januar: Sant'-Agnese-Fest.

Februar
Der traditionelle Karneval wird in Rom nur mit Kinderumzügen gefeiert. Ort und Termin erfahren Sie aus der örtlichen Presse.

März
9. März: Fest der Santa Francesca Romana; römische Autofahrer bringen ihre Fahrzeuge in die Piazzale del Colosseo, nahe der Kirche S. Francesca Romana, wo sie vom Papst gesegnet werden.
19. März: Fest des heiligen Joseph; Sport- und Musikveranstaltungen in Trionfale.

April
Aus Anlaß der *Festa della Primavera* (Frühlingsfest) wird die Spanische Treppe mit rosafarbenen Azaleen geschmückt, und in der Kirche SS. Trinità dei Monti findet ein Konzert statt.
Zu den Veranstaltungen der *Heiligen Woche* gehört die vom Papst angeführte Kreuzprozession vom Kolosseum zum Palatin am Karfreitag. Am Ostersonntag spendet der Papst vom Balkon des Petersdomes aus den Segen „Urbi et Orbi".
21. April: Farbenfrohe Feste zum Geburtstag Roms; z. B. auf der Piazza del Campidoglio; Feuerwerk.

Mai
1. Mai: Maifeiern; Maikundgebung vor der Basilika San Giovanni in Laterano.
6. Mai: Vereidigung der Schweizer Garde im Vatikan am Jahrestag der Plünderung Roms.
Fronleichnam: Eine Straße wird mit einem gemusterten Blumenteppich ausgelegt.
Letztes Wochenende: Berittene Militärparade auf der Piazza di Siena in der Villa Borghese.
Pfingstsonntag: Bußmarsch zum Heiligtum der Madonna im Castel di Leva, einige Kilometer außerhalb Roms.

Juni
Am ersten Sonntag des Monats wird auf der Via dei Fori Imperiali eine Militärparade abgehalten *(Festa della Repubblica)*.
23./24. Juni Fest des St. Johannes; Volksfest im Viertel San Giovanni in Laterano.
29. Juni: *Peter und Paul*, zu Ehren des Apostels Petrus; Roms wichtigste religiöse Feier mit festlichen Gottesdiensten im Petersdom.
Von Juni bis September findet das Kulturfestival *Estate Romana* statt. Es gibt zahlreiche Freilichtveranstaltungen (Konzert, Ballett, Theater, Kino) und Volkskunst-Ausstellungen.

FESTE UND VERANSTALTUNGEN – SPORT

Juli
Castel-Madama-Umzug in farbenfrohen Kostümen aus dem 16.Jh.; Veranstaltung von Pferderennen.
Festa de Noantri, ein altes Folklorefest mit Prozessionen und Unterhaltungsveranstaltungen findet in der zweiten Monatshälfte in Trastevere statt. Ein Feuerwerk bildet den Abschluß.
Estate Romana (s. Juni).

August
Filmfestival im Freien.
5. August: *Festa della Madonna della Neve* (Fest Mariä Schnee), Santa Maria Maggiore; ein Regen weißer Blütenblätter symbolisiert das legendäre Schneewunder.
15. August: *Ferragosto* – Mariä Himmelfahrt; die Römer nutzen den freien Tag für Ausflüge in die Umgebung. Läden und die meisten Restaurants sind geschlossen.
Estate Romana (s. Juni).

September
Anfang September wird in der Maxentiusbasilika auf dem Forum Romanum das Erntedankfest gefeiert.
Estate Romana (s. Juni).

November
22. November: Feier der Santa Cecilia.

Dezember
8. Dezember: *Festa della Madonna Immacolata* (Fest der unbefleckten Empfängnis) auf der Piazza di Spagna.
Auf der Piazza Navona findet ein stimmungsvoller Kindermarkt statt.
24./25. Dezember: Weihnachtsfeierlichkeiten mit Messen und päpstlichem Segen.

SPORT

Die „freie Natur" – das kann für einen Römer gleichbedeutend sein mit Planscherei in einem der alten Brunnen oder auch mit einem Teller *fettucine* in einem Gartenrestaurant. Rom hat keinen Strand, doch einige Parks, von denen die riesengroße Villa Borghese am populärsten ist. Der Palatin bietet frische Luft mit historischem Ambiente. Bäume und Sträucher schaffen eine parkähnliche Atmosphäre, und die Ruinen sind eine zusätzliche Attraktion. Der Legende nach soll Romulus hier 753 v.Chr. die Stadtgrenzen festgelegt haben; auf jeden Fall ist der Palatin ein schöner Platz für ein Picknick.

In der Villa Borghese ein gutes Buch zu lesen, hat seinen eigenen Reiz

SPORT

Aktiver Sport

Radfahren
Wer das Radfahren sportlich betreibt, für den sind die olympische Radrennbahn (Velodromo Olimpico), Via della Tecnica, und die anderen Bahnen in der Villa Celimontana (südlich des Kolosseums) und in der Villa Sciarra (Trastevere) interessant.

Rudern und Segeln
Ruderboote kann man am Giardino del Largo in der Via Borghese mieten. 50 km außerhalb der Stadt, am Bracciano-See, gibt es Segelklubs, und am Albaner See (am Castel Gandolfo), 25 km von Rom, finden internationale Regatten statt.

Bowling
Die besten Bowlinghallen *(bocciodromi)* sind Brunswick Bowling, Via dell'Acqua Acetosa, und Bowling Roma, Viale Margherita 191.

Golf
Es gibt zwei Plätze mit 18 Löchern – Acqua Santa, Via Appia Nuova, und Olgiata, Largo Olgiata 15.

Reiten
Für Einzelunterricht ist der Riding Club, Via di Tor Carbone (Tel. 5 42 39 98), am geeignetsten.

Schwimmen
Manche Hotels, wie z. B. das Cavaliere Hilton, haben ein eigenes Schwimmbad. Größere Freibäder gibt es in den wichtigsten Sportzentren. Foro Italico, Lungotevere Maresciallo Cadorna, und Swimming Pool delle Rose, Viale America (EUR), sind von Juni bis September geöffnet, das Hallenbad im Foro Italico von November bis Mai. Wenn Sie etwas für Ihre Gesundheit tun wollen, ist ein Bad im schwefelhaltigen Wasser der Terme Acqua Abule, Bagni di Tivoli, zu empfehlen. Sie liegt 22 km außerhalb von Rom.

Tennis
Einige Hotels haben private Tennisplätze. Öffentliche Plätze gibt es an folgenden Stellen: EUR, Viale dell'Artigianato 2 (Tel. 5 92 46 93); Foro Italico (Tel. 3 61 90 21); Tennis Belle Arti, Via Flaminia 158 (Tel. 3 60 06 02); Tre Fontane, Via delle Tre Fontane (Tel. 5 92 63 86).

Als Zuschauer beim Sport

Automobilrennen
Wettbewerbe werden auf der Rennstrecke Valle Lunga ausgetragen.

Fußball
Die Vereine AS Roma und Lazio Roma spielen beide im Stadio Olimpico. Zwischen September und Mai tragen sie dort am Sonntagnachmittag abwechselnd ihre Heimspiele aus.

Pferdesport
Im Ippodromo delle Campanelle, Via Appia Nuova 1225, finden sowohl Flachrennen als auch Hindernisrennen statt. Trabrennen kann man im Ippodromo di Tor di Valle, Via Mare 9, besuchen. Das pferdesportliche Hauptereignis ist alljährlich im April/Mai das CHIO in der Piazza di Siena, Villa Borghese.

Tennis
Das wichtigste Tennisereignis ist das „Italian Open". Es findet Ende Mai im Foro Italico statt.

PRAKTISCHE TIPS

Ankunft
Mit dem Flugzeug
Alle direkten Linienflüge von den großen deutschen, österreichischen und schweizerischen Flughäfen – und die meisten aus dem Inland – kommen täglich am *Aeroporto Leonardo da Vinci* in Fiumicino an. Er liegt 36 km südwestlich der City bei Ostia. Da der Luftraum fast immer überlastet ist oder unvorhersehbare Streiks auftreten, sollten Sie auf Verspätungen gefaßt sein. Der römische Flughafen bietet alles, was Sie von einem internationalen Flughafen erwarten – Restaurants, Bars, Geschäfte, Banken, Hotelinformation, Autovermietung.
❶ Tel. 60121.
Einige Reiseveranstalter bieten zur Hochsaison auch Charterflüge an, die im allgemeinen auf dem *Aeroporto Ciampino* (❶ Tel. 72421) landen, 16 km südöstlich der City.
Vom Flughafen Leonardo da Vinci verkehren Taxis, die normalerweise eine halbe Stunde bis ins Zentrum brauchen. Vom Flughafen Ciampino dauert die Fahrt ohne Stau ca. 20 Min. Nehmen Sie nur die gelben, amtlichen Taxis, Schwarzfahren kann teuer werden! Die Taxis haben zwar einen Gebührenanzeiger, doch können Zuschläge für Gepäckstücke, Nacht-, Sonntags- und Ferienservice den Geldbeutel zusätzlich belasten – nicht zuletzt erwartet der Fahrer ein Trinkgeld von ca. 10%.
Billiger fahren Sie mit dem Flughafenbus, der alle 15 Minuten von Fiumicino zum Terminal in der Via Giolitti 36 (an der Stazione Termini) abfährt und ca. 45 Min. braucht. In nur 22 Min. fährt der neue „Trenino" vom Flughafen direkt zum Bahnhof Rom-Ostiense. Der Zug verkehrt im 15-Min.-Takt. Der Flughafen Ciampino ist durch Züge und Vorstadtbusse mit der Stazione Termini verbunden; der ACOTRAL-Bus fährt zur U-Bahnstation Subaugusta (Metropolitana Linie A).
Wer am Flugticket sparen will, erkundige sich nach dem sog. flieg&spar-Tarif, der den Flugpreis bis zu 45% ermäßigt oder nach anderen Arrangements, wie die IT (Inclusive Tour)-Reisen oder dem fly&drive-Angebot, mit dem man in den Genuß eines Mietwagens am Flughafen kommt.
❶ Fluggesellschaften und Reisebüros.
Mit der Bahn
kommen Sie an der *Stazione Termini* an, dem römischen Hauptbahnhof. Von hier aus verkehren Taxis oder Busse und die Metro zu allen Stadtteilen. Die Deutsche Bundesbahn bietet ebenso lohnende Vergünstigungen (Europa-Netzkarte „Inter-Rail" bis 26 Jahre, „Rail Europ Senior" für Senioren, „Rail Europ F" für Familien) wie die Italienischen Staatsbahnen FS (Kilometerhefte, Italy Flexi Railcard, Touristennetzkarten). *Autoreisezüge* kommen am Bahnhof Roma Tuscolana an.
❶ Vor Reisebeginn bei den DER-und CIT-Reisebüros.
Mit dem Auto
Nach dem antiken Sprichwort „Alle Wege führen nach Rom" stoßen Sie aus jeder Richtung auf den *Grande Raccordo Anulare (G.R.A.)*, den Autobahnring um Rom. Von hier folgen Sie immer den Hinweisschildern „Roma Centro".

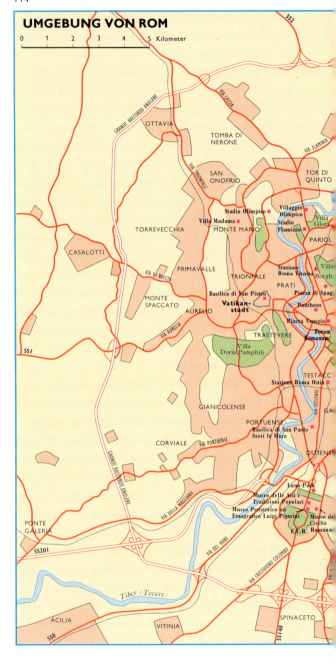

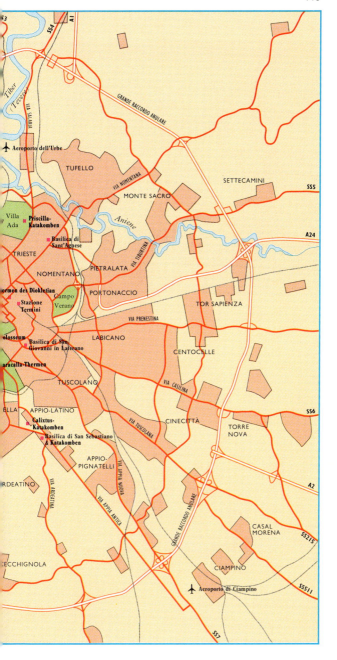

PRAKTISCHE TIPS

Denkmal für Vittorio Emanuele II

Apotheken
Die meisten Apotheken *(farmacie)* sind zu denselben Zeiten geöffnet wie die anderen Geschäfte. In jedem Stadtteil gibt es Apotheken, die während der Mittagszeit, an Feiertagen oder in der Nacht dienstbereit sind. Rund um die Uhr sind geöffnet: Della Stazione (Am Hauptbahnhof), Piazza Cinquecento 49 (Tel. 460019); Internazionale (Nähe Via Vittorio Veneto), Piazza Barberini 49 (Tel. 46 29 96); Tre Madonne (in Parioli), Via Bertolini 5 (Tel. 87 34 23); Cola di Rienzo (Nähe Petersdom), Via Cola di Rienzo 213 (Tel. 35 18 16). Weitere Adressen erfahren Sie aus der Tagespresse.

Autofahren
Außer Führerschein, Fahrzeugschein und der Internationalen Grünen Versicherungskarte, die bei Verkehrskontrollen und Unfällen verlangt wird, brauchen Sie keine weiteren Autodokumente.

Besondere Verkehrsregeln: In Italien ist auf Straßen mit guter Beleuchtung Standlicht erlaubt; in Tunnels und Galerien muß das Abblendlicht eingeschaltet werden. Auf der Autobahn ist privates Abschleppen verboten. Für alle nach hinten über ein Fahrzeug hinausragenden Dachlasten ist eine 50x50 cm große, rot-weiße Warntafel vorgeschrieben. An schwarz-gelb markierten Bordsteinen darf nicht geparkt werden. Gurtmuffel müssen mit Bußgeldern rechnen. Autofahrer, die mehr als 0,8 Promille Alkohol im Blut haben, droht eine saftige Geldstrafe, Gefängnis oder Führerscheinentzug.

Höchstgeschwindigkeiten: In Wohngebieten ist die Geschwindigkeit auf 50 km/h begrenzt, doch die einheimischen Autofahrer halten sich oft nicht daran. Außerhalb geschlossener Ortschaften und auf Landstra-

PRAKTISCHE TIPS

ßen darf 90 km/h gefahren werden. Auf Autobahnen sind für Fahrzeuge über 1100 cm³ 130 km/h erlaubt, die kleineren dürfen nur 110 km/h fahren.
Benzingutscheine: Gutscheinhefte mit Benzinbons für Nord-, Süd- und Zentralitalien erhalten Sie in den Geschäftsstellen des ADAC, ebenso eine Magnetkarte (Viacard) im Wert von 30 000 Lire, mit der man bei der Autobahngebühr sparen kann. Der Betrag wird an den Mautstellen abgebucht, bis er verbraucht ist. Mit dem Erwerb der Benzingutscheine haben Sie auch Anspruch auf den kostenlosen Pannenhilfsdienst des ACI. Wenn Sie ein Auto in Italien mieten, kommen Sie nicht in den Genuß von Benzingutscheinen.
Tankstellen: Das Netz der Bleifrei-Tankstellen ist flächendeckend. An den Autobahnen kann man Tag und Nacht tanken, in Rom selbst halten sich die Tankstellen gern an die landesübliche Mittagspause. Für Tankautomaten braucht man 10 000-Lire-Scheine.
Pannendienste: Den Straßenhilfsdienst des italienischen Automobilklubs ACI erreichen Sie in ganz Italien unter 116. Mit dem ADAC-Auslands- bzw. Euroschutzbrief ist Pannenhilfe kostenlos. Die Notrufnummern für Polizei und Krankenwagen sind 112 und 113.
❶ Vor der Reise bei den Geschäftsstellen des ADAC. In Rom: Automobile Club d'Italia (ACI), 00185 Rom, Via Marsala 8, Tel. (06) 4 99 81.
In Rom haben es Autofahrer nicht leicht, denn Parkplätze gibt es so gut wie nie und das römische Verkehrschaos ist sprichwörtlich. Zur Verkehrsberuhigung wurde ein Fahrverbot im historischen Zentrum eingeführt, das werktags von 7-11 und von 15-19 Uhr in Kraft ist. Parkmöglichkeiten gibt es außerhalb der Fußgängerzonen oder in den Tiefgaragen unter der Villa Borghese (Einfahrt von der Porta Pinciana her und im Parking Ludovisi (Einfahrt über die Via V. Veneto und deren Seitenstraße Via Ludovisi). Wenn Sie Ihr Auto verkehrswidrig geparkt haben und es nicht wiederfinden, muß es nicht unbedingt gestohlen sein. Rufen Sie die *Vigili Urbani* an (Tel. 67691).

Autovermietung
Autos kann man an beiden Flughäfen sowie bei mehreren Büros in der Stadt und am Hauptbahnhof (Termini) mieten. Lassen Sie sich besser nicht auf das römische Verkehrschaos ein, mit den öffentlichen Verkehrsmitteln (s. S. 124) kommen Sie schneller und nervenschonender durchs Zentrum. Alle großen internationalen Verleihfirmen sind in Rom vertreten und bieten Sonderangebote wie Wochenend-Arrangements oder unbegrenzte Kilometerzahl an. Auskünfte geben auch die Hotels und die „Gelben Seiten" (*Pagine gialle*) des römischen Telefonbuchs. Autos können auch mitsamt Fahrer gemietet werden. Die wichtigsten Autovermietungen: *Avis* (Tel. 6 44 19 69); *Budget* (Tel. 4 71 11); *Europcar* (Tel. 54 94 42 26/7/8/9); *Hertz* (Tel. 54 79 91).

Behinderte
haben es in Rom nicht leicht, obwohl die Bediensteten von Flughäfen, Museen und Sehenswürdigkeiten immer hilfsbereit sind. Die neueren Hotels halten

PRAKTISCHE TIPS

für gewöhnlich einige Zimmer für behinderte Gäste bereit. Toiletten für Rollstuhlfahrer gibt es an beiden Flughäfen, an der Stazione Termini (bei Bahnsteig 1), an den U-Bahnstationen Termini und EUR, am Museo Nazionale Romano und an der Südseite der Piazza S. Pietro.

Camping
s. Unterkunft S. 100

Diplomatische Vertretungen
Bundesrepublik Deutschland
Botschaft: Via Po 25c,
Tel. 8840341/5; Konsulat: Via Siacci 2C/-4, Tel. 805338
Österreich
Botschaft: Via Pergolesi 3,
Tel. 868241/4; Konsulat: Viale Liegi 32, interno 1, Tel. 8443509
Schweiz
Botschaft: Via Barnaba Orani 61, Tel. 803641/5

Einreiseformalitäten
Für Deutsche, Österreicher und Schweizer, die sich bis zu drei Monaten in Italien aufhalten, genügt ein gültiger Reisepaß oder Personalausweis. Kinder unter 16 Jahren, die nicht im Elternpaß eingetragen sind, brauchen einen Kinderpaß. Wenn Sie mit Kindern von Verwandten oder Bekannten unterwegs sind, sollten Sie eine beglaubigte Vollmacht der Eltern mitnehmen.

Fahrräder und Motorroller
Eine gute, allerdings mutige Alternative zum Mietwagen ist es, Rom per Fahrrad zu entdecken. Bei *Biciroma* kann man Fahrräder *(biciclette)* stundenweise oder für ganze Tage mieten. Niederlassungen gibt es an der Piazza del Popolo, der Piazza di Spagna, der Piazza SS. Apostoli und der Piazza S. Silvestro.

Motorroller *(motociclette, scooters)* vermieten *Scooter for Rent*, Via della Purificazione 66 (Tel. 46 54 85), oder *Saint Peter Rent*, Via di P. da Castello 43 (Tel. 6 87 57 14).

Feiertage
1. Januar (Neujahrstag), 6. Januar (Dreikönigstag, Befana), Ostermontag, 25. April (Tag der Befreiung), 15. August (Mariä Himmelfahrt, Ferragosto), 1. November (Allerheiligen), 8. Dezember (Mariä Empfängnis), 25./26. Dezember (Weihnachten).
Zur Feier der legendären Stadtgründung Roms am 21. April wird das Kapitol abends illuminiert.

Fundbüros
Informieren Sie Ihr Hotel und/oder die Polizei unverzüglich, wenn Ihnen etwas abhandengekommen ist. Das Polizeipräsidium *(Questura Centrale)* befindet sich in der Via S. Vitale 15 (Tel. 46 86). Stadt Rom, Verkehrsbetriebe und Hauptbahnhof unterhalten je ein Fundbüro: Ufficio del Comune di Roma, Via Bettoni 1 (Tel. 5 81 64 40), ⏱ Mo–Sa 9-13 Uhr; Ufficio del ATAC, Via Volturno 65, ⏱ Mo–Sa 10-13 Uhr. Ufficio di Stazione Termini (Hauptbahnhof), ⏱ Mo–Sa 8-18 Uhr.

Geld und Devisen
Die italienische Währung ist die Lira (Mehrzahl Lire, abgek. L. oder Lit). Es gibt Geldscheine zu 1000, 2000, 5000, 10 000, 50 000 und 100 000 Lire sowie Münzen zu 5, 10, 20, 50, 100, 200 und 500 Lire. Die jeweiligen Tageskurse hängen bei Banken und Sparkassen aus. Bei allen Geldtransaktionen müssen Sie viel Geduld mitbringen; Wech-

PRAKTISCHE TIPS

Unterhaltung auf römische Art

selstuben *(uffici cambio)* verlangen saftige Gebühren.
🕐 s. Öffnungszeiten, S. 121.
Für die Ein- und Ausfuhr von Fremdwährung im Gegenwert bis zu 5 Mio. Lire gelten keine Beschränkungen; höhere Beträge sind bei der Einreise zu deklarieren. Sie können Lire in unbegrenzter Höhe einführen, dürfen aber nicht mehr als 1 Mio Lire wieder ausführen. Bargeldlose Zahlungsmittel wie Euro-, Reiseschecks und Postsparbücher unterliegen keinerlei Beschränkungen.

Gesundheit

Als Mitglied einer gesetzlichen oder Ersatzkasse sollten Sie sich vor der Reise einen Anspruchsausweis E111 bei Ihrer Krankenkasse besorgen; dann können Sie auch den nationalen Gesundheitsdient U.S.L. *(Unità Sanitaria Locale)* in Anspruch nehmen, der italienische Bürger kostenlos behandelt. Da italienische Ärzte aber nicht verpflichtet sind, einen Krankenschein zu akzeptieren und deshalb oft Barbezahlung bevorzugen, sollten Sie sich eine detaillierte Rechnung geben lassen für die Kostenerstattung bei Ihrer heimischen Krankenkasse. Sie ersparen sich manchen Ärger, wenn Sie vor Ihrer Reise eine private Reisekrankenversicherung abschließen, die nicht mehr als 20 DM kostet. Bereitschafts- und Nachtdienst von Ärzten und Apotheken erfahren Sie aus der Tagespresse. Wenn Sie einen Krankenwagen brauchen, können Sie das Rote Kreuz (Tel. 5100) anrufen. In sonstigen Notfällen wählen Sie 113. Erste Hilfe *(pronto soccorso)* gibt es an den Flughäfen,

PRAKTISCHE TIPS

Bahnhöfen und in allen Krankenhäusern. Auch hilft der Hotelportier weiter.

Haustiere
Hunde und Katzen dürfen Sie nur mitbringen, wenn Sie ein amtstierärztliches Gesundheitszeugnis (nicht älter als 30 Tage) und eine Tollwut-Impfbescheinigung (nicht älter als 11 Mon., aber mindestens 20 Tage alt) vorweisen können. Maulkorb und Leine nicht vergessen.

Information
Die staatlichen italienischen Fremdenverkehrsämter ENIT geben Ihnen vor der Reise Auskunft:
Bundesrepublik Deutschland
Berliner Allee 26, D-4000 Düsseldorf (Tel. 0211/13 22 31/2); Kaiserstr. 65, D 6000 Frankfurt/M. (Tel. 069/ 23 12 13); Goethestr. 20, W-8000 München 2 (Tel. 089/53 03 69)
Österreich
Kärntnerring 4, A-1010 Wien (Tel. 02 22/65 43 74)
Schweiz
Uraniastr. 32, CH 8001 Zürich (Tel. 01/2 11 36 33); 3, rue du Marché, CH 1204 Genf (Tel. 022/ 29 29 22/3
In Rom
ENIT (Staatliches Italienisches Fremdenverkehrsamt), I-80100 Roma, Via Marghera, 2, Tel. 497 1282, sowie eine Filiale am Flughafen Leonardo da Vinci (Fiumicino).
EPT (Landesverkehrsamt), I-80185 Roma, Via Parigi 11, Tel. 46 18 51/5 und Via Parigi 5, Tel. 46 37 48, sowie im Hauptbahnhof (Stazione Termini), an der A 1 (Autostrada Roma-Milano), A 2 (Autostrada Roma-Napoli) und am Flughafen Leonardo da Vinci.
Un ospite di Roma (A Guest in Rome) informiert 14tägig aktuell in italienisch und englisch und ist gratis bei den Hotelportiers zu bekommen. In der Samstags-Beilage „Trovaroma" der Tageszeitung *La Repubblica* findet man Veranstaltungshinweise und Restaurantempfehlungen.

Kriminalität
Wie jede andere Weltstadt hat auch die Hauptstadt Italiens eine gewisse Kriminalitätsrate. Papiere, Wertgegenstände und größere Geldbeträge sind ambesten im Hotelsafe aufgeho-

Piazza Navona – an diesem volkstümlichen Platz befand sich einst das Stadion Kaiser Domitians

PRAKTISCHE TIPS

ben. Auf keinen Fall sollten Sie im Auto etwas liegenlassen; besonders begehrtes Beutegut für Langfinger sind Autoradios. Während die meist motorisierten Handtaschendiebe *(sciappatori)* fast nur noch in den einsameren Gegenden der Stadt ihr Unwesen treiben, hat das Phänomen der Taschendiebe *(borseggiatori, borsaioli)* stark zugenommen. Gewarnt werden muß vor den oft in Gruppen auftretenden Zigeunerkindern, die überall anzutreffen sind, besonders in den Straßen und Buslinien, die zur Peterskirche, den Vatikanischen Museen wie auch zum sonntäglichen Flohmarkt fahren. Auf den Märkten muß man besonders auf der Hut sein! Wenn Sie bestohlen worden sind, gehen Sie sofort zur Polizei, denn das Polizeiprotokoll ist wichtig für die Schadensmeldung bei der Versicherung. Der Abschluß einer Reisegepäckversicherung ist zu empfehlen.

Medien
Ein reiches Angebot an ausländischer Presse haben die Zeitungsstände in der Stazione Termini und an der Via Vittorio Veneto sowie rund um die Galleria Colonna. Die römische Tageszeitung ist *Il Messagero*.

Mehrwertsteuer
Sie beträgt 19%, für Luxusgüter 35%.

Netzspannung
220 V, außerhalb Roms 110–220 V. Schukostecker können nicht überall benutzt werden, Zwischenstecker im Fachhandel.

Notruf
Für ganz Italien sind die Notrufnummern (Polizei, Krankenwagen) 112 und 113, Pannenhilfsdienst 116. Wichtige Telefonnummern in Rom: Ärztlicher Notdienst 475 6741, Ambulanz 5100, Feuerwehr 115, Stadtpolizei 67691.

Öffnungszeiten
Banken sind Mo–Fr von 8.30 bis 13 und von 14.45–15.45 Uhr geöffnet. Wechselstuben (u. a. Stazione Termini) haben länger auf und sind auch an Wochenenden und an Feiertagen geöffnet.
Geschäfte haben im allgemeinen von 8.30 (oder 9) bis 12.30 (oder 13 Uhr) und von 15.30 (oder 16) bis 19.30 (oder 20) Uhr geöffnet. Sie sind So, Mo vormittag (Lebensmittelgeschäfte Do nachmittag) und im Sommer auch Sa nachmittag geschlossen.
Kirchen sind während der landesüblichen Mittagspause und der Gottesdienste nicht zu besichtigen.
Museen und Galerien differieren stark, Angaben im Text. Die meisten Museen, Galerien und historischen Sehenswürdigkeiten sind Mo geschlossen. Wegen Restaurierung, Streik oder Personalmangel muß mit unvorhersehbaren Schließungen gerechnet werden – alle Angaben deshalb ohne Gewähr!

Polizei
In Notfällen rufen Sie Tel. 113 an. In allen anderen Fällen ist es am besten, wenn Sie direkt zum Polizeipräsidium *(Questura)* gehen. Es gibt dort ein besonderes Büro für Touristen (Tel. Nebenapparate -2858 oder -2987). Die *Carabinieri* tragen braune oder schwarze Uniformen. Wenn Sie von dort Hilfe

PRAKTISCHE TIPS

benötigen, so rufen Sie Tel. 21 21 21 an. Die Stadtpolizei *(Vigili Urbani)* trägt weiße Uniformen oder blaue Uniformen mit weißem Helm. Sie ist im wesentlichen Verkehrspolizei.

Post
Die meisten Postämter sind von 8.15 Uhr bis 14 oder 14.30 Uhr geöffnet. Neun Postämter haben bis 21 Uhr auf. An Samstagen und am letzten Tag des Monats schließen alle bereits um 12 Uhr mittags. Das Zeichen *Palazzo delle Poste* kennzeichnet die Hauptpostämter: Ufficio Postale Centrale, Piazza San Silvestro; Flughafen Fiumicino; Aurelio, Via Federico Galeotti; Bel Sito, Piazzale delle Medaglie d'Oro; Monte Sacro, Viale Adriatico 136; Nomentana, Piazza Bologna; Ostiense, Via Marmorata; Prati, Via Andreoli 1; San Giovanni, Via Taranto. Der Vatikan unterhält einen eigenen Postdienst und ist für seine unverwechselbaren Briefmarken bekannt. Eines der Postämter befindet sich rechts vom Petersdom (vormittags geöffnet), ein anderes links davon (nachmittags geöffnet). Ein „mobiles" Postamt steht auf dem Petersplatz. Die Briefkästen im Vatikan sind blau, in den anderen Teilen der Stadt sind sie rot. Italienische Briefmarken vekaufen auch die Tabacchi-Geschäfte; sie sind außen mit einem „T" gekennzeichnet. Das Mindestporto beträgt (Sept. 90) Lit. 650 für Postkarten in EG-Länder und andere europäische Staaten und Lit. 750 bzw. 800 für Briefe.

Postsparer können von ihrem Postsparbuch bis zu 1 Mio. Lire je Rückzahlungskarte (die man vor der Reise beim zuständigen Postamt besorgt) abheben.

Rechnungen und Belege
Ausländische Touristen sollten sich über erhaltene Dienstleistungen eine Quittung *(ricevuta fiscale)* inkl. Mehrwertsteuer (IVA) ausstellen zu lassen. Dies gilt für alle Dienstleistungsbetriebe, wie Restaurants und Gaststätten, Hotels, Autowerkstätten, Friseure u. a. Bei Kontrollen muß man sonst mit Geldstrafen rechnen.

Senioren
Alle Besucher über 60 Jahre *(oltre sessanta)* haben freien Eintritt in die staatlichen Museen in ganz Italien. Die Listen mit den Sehenswürdigkeiten, die kostenlos besichtigt werden können, liegen an den Kassen aus. In Rom sind aber auch die städtischen Museen (u. a. Kapitolinisches Museum und Konservatorenpalast) für Senioren kostenlos.

Stadtrundfahrten
werden von den großen Reisebüros halb- und ganztägig (auch in deutscher Sprache) veranstaltet: CIT, Piazza della Repubblica 68; American Express, Piazza Mignanelli; Univers, Galleria Filippo Caracciola 20 a. Zu empfehlen sind auch die täglichen Stadtrundfahrten der städtischen Verkehrsbetriebe ATAC von der Piazza Cinquecento (vor der Stazione Termini) aus. Und wer den besonderen Reiz der angestrahlten Altertümer genießen möchte, nimmt an einer „Rom-bei-Nacht"-Tour teil.

Taxis
halten nur selten auf Handzeichen auf der Straße, besser

PRAKTISCHE TIPS

Eines der offiziellen gelben Taxis zu erwischen, ist Glückssache

geht man zu den festen Standplätzen oder bestellt ein Funktaxi (Tel. 35 70, 38 75, 49 94, 84 33). Vorsicht ist geboten wegen überhöhter Fahrpreise. Die Kosten sind zwar am Taxameter abzulesen, sie können aber durch erlaubte Aufschläge noch beträchtlich steigen. Bei längeren Fahrten, wie in die Vororte, empfiehlt es sich, den Preis vor Fahrtbeginn auszuhandeln.

Telefonieren

Öffentliche Münzfernsprecher funktionieren mit besonderen Telefonmünzen *(gettoni)*, die Sie für 200 Lire bei Postämtern, den Tabacchi, einigen Bars, Zeitungsständen und aus Münzautomaten erhalten. Die meisten Apparate nehmen 100, 200 und 500 Lire-Münzen an. Die neueren, wie am Parkplatz an der Porta Pinciana, funktionieren bargeldlos mit Telefonkarten *(scheda telefonica)*, die man in Tabacchi- und Zeitungsgeschäften kauft. Der Betrag wird elektronisch abgebucht, bis er verbraucht ist. Geschäfte, Bars und Restaurants, die mit einer gelben Wählscheibe gekennzeichnet sind, haben ebenfalls ein öffentliches Telefon. Das öffentliche Fernsprechamt SIP ist von der Post getrennt.
🕓 Durchgehend geöffnet sind die SIP-Ämter an der Piazza S. Silvestro und im Hauptbahnhof sowie von 8–21.30 Uhr das am Corso Vittorio Emanuele II 199/201.
Vorwahlziffern von Italien: BRD 0049, Österreich 0043, Schweiz 0041. Die Null der Ortskennziffer entfällt.

Toiletten

Öffentliche Toiletten sind in Rom eine Rarität. Die Toiletten aller Bars sind zwar frei zugänglich, es ist aber höflicher,

PRAKTISCHE TIPS

ein Getränk zu bestellen, wenn man beabsichtigt, die Örtlichkeiten zu benutzen. Verwechseln Sie nicht *Signori* (Herren) und *Signore* (Damen).

Trinkgeld
Trotz der Inklusivpreise, die sich überall durchgesetzt haben, sind Trinkgelder immer noch üblich. Sie liegen etwa bei 10% des Rechnungsbetrages. Auch für andere Dienstleistungen, wie Gepäckträger, Fremdenführer, Platzanweiser, Friseur, Toilettenpersonal, Taxifahrer u. a., wird ein Trinkgeld erwartet.

Verkehrsmittel in Rom
Wer Rom nicht nur zu Fuß erkunden möchte, dem bieten Bus und U-Bahn die beste Art der Fortbewegung.
Autobusse: Es ist ratsam, sich gleich bei der Ankunft einen Netzplan *(Roma in Metro-Bus)* zu besorgen, den der Kiosk des Busbahnhofs an der Piazza dei Cinquecento vor dem Hauptbahnhof Stazione Termini oder internationale Zeitungskioske vorrätig haben. Fahrscheine verkaufen die Schalterhäuschen der ATAC (römische Verkehrsbetriebe) an den Endhaltestellen der Buslinien, an Knotenpunkten des Busverkehrs, wie Largo Argentina oder Piazzale Flaminio, und viele Tabacchi-Läden und Zeitungshändler. Die Schilder für Bushaltestellen *(Fermata)* sind gelb. Der Netzplan informiert – auch in deutscher Sprache – über Betriebszeiten, den Nachtfahrplan und Vergünstigungen, wie das Wochenticket für Touristen. Es gilt aber nur für die Linienbusse und Tram der ATAC, nicht für die Metro.
Für Ausflüge in die Umgebung

Die Trajanssäule schmückt noch heute das Trajansforum

bedienen Sie sich am besten der blauen Acotral-Busse, Überlandbusse, die unweit der Stazione Termini und neuerdings auch vom Terminal an der Endstation Anagnina (im Südosten) der Metrolinie A abfahren. Vorsicht vor Dieben in überfüllten Bussen!
U-Bahn *(Metropolitana, Metro):* Sie hat nur zwei verschiedene Linien. Linie A verkehrt zwischen Via Ottaviano (Nähe Petersdom) und Tuscolana (jenseits des historischen Zentrums). Linie B verbindet den Hauptbahnhof Termini und

PRAKTISCHE TIPS

das EUR-Viertel. Die Eingänge zu den U-Bahnstationen sind mit einem roten „M" gekennzeichnet. Fahrscheine zieht man aus den Automaten im Bahnhof und entwertet sie vor Fahrtbeginn.

Pferdekutschen *(Carozzelle)* sind eine nostalgische, aber nicht billige Alternative zu den öffentlichen Verkehrsmitteln. Sie „parken" auf der Piazza di Spagna, der Via Vittorio Veneto, der Piazza di S. Pietro, an der Fontana di Trevi, am Kolosseum und am Bahnhof Termini, wenn auch ihre Zahl erheblich zurückgegangen ist. Der Richtpreis liegt bei ca. 80 000 Lit. für die Stunde; besser ist es, vorher den Preis auszuhandeln.

Acquabus heißt der Fährservice auf dem Tiber, der seit 1990 in der Sommersaison zwischen der Tiberinsel und dem Foro Italico besteht. Die „Wasserbusse" halten an der Isola Tiberina (rechtes Ufer), Ponte Cavour (linkes Ufer) und Ponte Duca d'Aosta (rechtes Ufer) und bieten eine geruhsame Fahrt mit dem Panorama der Peterskirche und der Engelsburg. Die Schiffe verkehren zwischen 8 und 24 Uhr alle 20 Min. (Preis 1000 L.).

Zeit
Die Sommerzeit (MEZ plus 1 Std.) gilt wie in der Bundesrepublik Deutschland, Österreich und der Schweiz von Ende März bis Ende September.

Zoll
BundesrepublikDeutschland (Österreich, Schweiz)
Gebührenfrei können in EG-Länder (Österreich, Schweiz) ein- und ausgeführt werden: 300 (200) Zigaretten oder 100 (100) Zigarillos oder 50 (50) Zigarren oder 400 (250) g Tabak; 1,5 (1) l Spirituosen über 22 Volumenprozente oder 3 (2) l alkoholische Getränke bis 22 Volumenprozente oder 5 (2) l sonstige Weine, 1000 (500) g Kaffee oder 200 (100) g Tee, 75 (50) g Parfüm und 0,375 (0,25) l Toilettenwasser. Tabak und Alkohol dürfen nur Personen über 15 Jahre aus- und einführen.
Andere Waren und Geschenke dürfen bis zu einem Gesamtwert von 390 ECU (ca. 810 DM) mitgebracht werden, für Österreicher und Schweizer ist der Wert auf 45 ECU (ca. 93 DM) beschränkt. In Detailfragen geben die Zoll-Dienststellen der einzelnen Länder Auskunft.

KLEINE SPRACHHILFE

Wörter und Redewendungen
auf Wiedersehen arriverderci
bitte per favore
danke grazie
Entschuldigung scusi
geradeaus diritto
geschlossen chiuso
groß/klein grande/piccolo
gut buono
guten Abend buona sera
guten Morgen buon giorno
gute Nacht buona notte
hallo ciao
ja/nein si/no
morgen domani
nahe vicino
noch ein un altro
offen aperto
rechts/links a destra/a sinistra

Die dekorativen Gärten des Vatikan

schade/ das tut mir leid peccato/mi dispiace
schnell presto
sprechen Sie Deutsch? parla tedesco?
teuer caro
viel/wenig molto/poco
vielleicht forse
was kostet das? quanto costa questo?
weit lontano
wie geht es Ihnen (dir)? Come stai (sta)?
Wie spät ist es? Que ore sono?
wo/ wohin? dovè?

Wochentage
Montag lunedi
Dienstag martedi
Mittwoch mercoledi
Donnerstag giovedi
Freitag venerdi
Samstag sabato
Sonntag domenica

Monate
Januar gennaio
Februar febbraio
März marzo
April aprile
Mai maggio
Juni giugno
Juli iuglio
August agosto
September settembre
Oktober ottobre
Novemeber novembre
Dezember dicembre

Zahlen
eins uno
zwei due
drei tre
vier quattro
fünf cinque
sechs sei
sieben sette
acht otto
neun nove
zehn dieci

REGISTER

Abruzzen-Nationalpark 80
Accademia di San Luca 20
Ägyptisches Museum 56
Ankunft 113
Antiquarium Forense 20
Apotheken 116
Aquabus 125
Ara Pacis Augustae 20
Arco di Constantino 21
Arco di Settimio Severo 22
Arco di Tito 22
Aurelianische Stadtmauer 22
Auto 113
Autobus 124
Autofahren 116
Autovermietung 117
Aventin 23
Bahn 113
Banken 121
Basilica Aemilia 23, 44
Basilica di S. Agnese 23
Basilica di S. Clemente 24
Basilica di S. Giovanni in Laterano 24
Basilica dei SS. Giovanni e Paolo 27
Basilica di S. Lorenzo 27
Basilica di S. Marco 27
Basilica S. Maria Maggiore 28
Basilica di S. Paolo 29
Basilica di S. Pietro 30
Basilica di S. Sebastiano 32
Behinderte 117
Benzingutscheine 117
Borgo 35
Caffè Greco 16

Campidoglio 36
Campo dei Fiori 35
Campo Marzio 15, 35
Caracalla-Thermen 33
Castel Gandolfo 75
Castel Sant'Angelo 37
Castelli Romani 76
Catacombe 39
Cerveteri 75
Circeo Nationalpark 79
Circus Maximus 40
Colosseo 41
Devisen 118
Diokletian-Thermen 33
Diplomatische Vertretungen 118
Domus Aurea 68
Einreiseformalitäten 118
Engelsburg 37
Esquilin 41
Fahrräder 118
Farnesische Gärten 50
Feiertage 118
Flugzeug 113
Fontana dei Fiumi 42
Fontana del Moro 42
Fontana del Tritone 43
Fontana dell'Acqua 42
Fontana della Barcaccia 42
Fontana delle Api 41
Fontana di Trevi 42
Fori Imperiali 47
Forum des Augustus 47
Forum Romanum 44
Forum des Trajan 48
Frascati 76
Fundbüros 118
Galleria Arte Antica 69, 71
Galleria Borghese 57
Galleria Colonna 71
Galleria Spada 74

Geld 118
Genzano di Roma 76
Geschäfte 121
Gesundheit 119
Gianicolo-Hügel 48
Grottaferrata 76
Haustiere 120
Höchstgeschwindigkeiten 116
Informationen 120
Isola Tiberiana 48
Kaiserforen 47
Kapitol 36
Katakomben 39
Keats-Shelley-Haus 48
Kirchen 61
Kolosseum 41
Kriminalität 120
Lago di Bracciano 76
Lago di Burano 82
Lateranspalast 26
Maremma 82
Mehrwertsteuer 121
Mercati Traianei 49
Metropolitana 124
Monte Argentario 81
Monte Mario 15
Monumento Vittorio Emanuele II 49
Motorroller 118
Museo Borghese 57
Museo Capitolino 36
Museo Centrale del Risorgimento 68
Museo del Folklore 68
Museo delle Arti e Tradizioni Popolari 68
Museo di Roma 70
Museo Nazionale Archeologico Prenestino 77
Museo Nazionale degli Strumenti Musicali 109
Museo Nazionale Militare c di Arte 38
Museo Nazionale Romano 34

REGISTER

Museo Nuovo 37
Museo Preistorico ed Etnografico Luigi Pigorini 69
Museo Storico Artistico – Tesoro di San Pietro 31
Netzspannung 121
Notruf 121
Öffnungszeiten 121
Orbetello 81
Ospedale Santo Spirito 35
Ostia Antica 76
Palatin 50
Palazzo Barberini 69
Palazzo Borghese 70
Palazzo Braschi 70
Palazzo Caffarelli 37
Palazzo Carpegna 20
Palazzo Colonna 71
Palazzo Corsini 71
Palazzo dei Conservatori 36
Palazzo dei Penitenzieri 35
Palazzo del Commendatore 35
Palazzo del Quirinale 73
Palazzo Doria 72
Palazzo Farnese 72
Palazzo Madama 73
Palazzo Massimo alle Colonne 73
Palazzo Nuovo 36
Palazzo Spada 74
Palazzo Torlonia
Palazzo Venezia 74
Palestrina 77
Pannendienste 117
Pantheon 50
Parioli 15
Petersdom 30
Pferdekutschen 125
Piazza dei Cavalieri di Malta 23
Piazza della Repubblica 15
Pinacoteca Capitolina 37

Piramide di Cestio 51
Polizei 121
Ponte Sant'Angelo 52
Porta Maggiore 52
Porta Pia 52
Porta S. Sebastiano 52
Porta Santa 25
Post 122
Postsparer 122
Prati 16
Protestantischer Friedhof 52
San Agostino 61
Sant'Andrea della Valle 61
San Bartolomeo 61
San Carlo alle Quattro Fontane 61
San Giorgio in Velabro 61
San Gregorio Magno 61
San Ignazio 61
San Ivo alla Sapienza 64
San Luigi dei Francesi 64
San Pietro in Montorio 64
San Pietro in Vincoli 64
Sant'Agnese in Agone 65
Santa Cecilia in Trastevere 65
Santa Costanza 65
Santa Croce in Gerusalemme 65
Santa Francesca Romana 65
Santa Maria degli Angeli 34
Santa Maria del Popolo 66
Santa Maria della Concezione 65
Santa Maria della Pace 66
Santa Maria della Vittoria 67
Santa Maria in

Cosmedin 66
Santa Maria in Trastevere 66
Santa Maria Nova 47
Santa Maria Sopra Minerva 66
Santa Prassede 67
Santa Pudenziana 67
Santa Sabina 67
Santi Cosma e Damiano 67
Santo Spirito in Sassia 35
Scala Santa 26
Senioren 122
Sixtinische Kapelle 55
Spanische Treppe 52
Stadtrundfahrten 122
Stanzen Raffaels 54
Tankstellen 117
Taxis 122
Teatro dell'Opera 101
Teatro di Marcello 53
Telefonieren 123
Thermenmuseum 34
Tiber-Insel 48
Tivoli 78
Toiletten 123
Trajansmarkt 49
Trajanssäule 48
Trastevere 17
Trevi-Brunnen 42
Trinkgeld 124
Tusculum 76
U-Bahn 124
Vatikan 53
Vatikan. Grotten 32
Vatikan. Museen 54
Verkehrsmittel 124
Verkehrsregeln 116
Via Appia Antica 39
Via Condotti 16
Via del Babuino 16
Via Giulia 17
Via Sacra 45
Villa Borghese 57
Villa Farnesina 59
Villa Giulia 59
Villa Medici 60
Zeit 125
Zoll 125